时代楷模

2021

陆军第83集团军某旅“红一连”

铁心向党的红色传人

中共中央宣传部宣传教育局 编

学习出版社

图书在版编目（CIP）数据

时代楷模. 2021. 陆军第83集团军某旅“红一连” / 中共中央宣传部宣传教育局编. -- 北京 : 学习出版社, 2022.6

ISBN 978-7-5147-1131-8

Ⅰ. ①时… Ⅱ. ①中… Ⅲ. ①军事人物—先进事迹—中国—现代 Ⅳ. ①K820.7

中国版本图书馆CIP数据核字（2022）第029522号

时代楷模·2021——陆军第83集团军某旅“红一连”

SHIDAI KAIMO · 2021 —— LUJUN DI 83 JITUANJUN MOULÜ “HONGYILIAN”

中共中央宣传部宣传教育局 编

责任编辑：张 俊
技术编辑：刘 硕 朱宝娟
装帧设计：楠竹文化

出版发行：学习出版社
北京市崇外大街11号新成文化大厦B座11层（100062）
010-66063020 010-66061634 010-66061646
网 址：http://www.xuexiph.cn
经 销：新华书店
印 刷：北京盛通印刷股份有限公司

开 本：710毫米×1000毫米 1/16
印 张：9.5
字 数：119千字
版次印次：2022年6月第1版 2022年6月第1次印刷

书 号：ISBN 978-7-5147-1131-8
定 价：32.00元

目录

CONTENTS

报道·视角

舆论·反响

评论·观点

文学·故事

视频·链接

人物档案

陆军第83集团军某旅“红一连”，是诞生于秋收起义的红军连队，三湾改编时，毛泽东同志亲自在该连发展6名党员，建立全军第一个连队党支部，开创了“支部建在连上”的先河。作为“军魂发源的地方”，“红一连”铁心向党永追随，薪火相传写忠诚，先后参加战役战斗300余次，完成非战争军事行动40余次，5次被授予荣誉称号，29次集体立功。党的十八大以来，“红一连”坚持用习近平强军思想建连育人，传承红色基因，践行初心使命，勇当强军先锋，圆满完成调整移防、国际维和、沙场阅兵等重大任务，荣立集体一等功1次、二等功5次，被表彰为全军首届“践行强军目标标兵单位”。2021年7月，中共中央宣传部授予该连队“时代楷模”称号。

报道视角

铁心向党的红色传人

——走进陆军第83集团军某旅“红一连”

李龙伊

三秦之地，华山脚下，驻守着一支战功卓著、声名赫赫的英雄连队。

走进这支连队的连史馆，一件件展品、一幅幅照片，铭刻着这支连队的厚重历史：“百战百胜”“英勇连”等一面面战旗，展示着连队取得的辉煌成绩；参与三湾改编、警卫遵义会议等历史事件，昭示着连队铁心向党的忠诚品格；连队21名英模和典型画像，诠释官兵们担当使命的价值追求……

这支连队，有一个让人耳熟能详的名字——“红一连”。

成立94年，陆军第83集团军某旅“红一连”官兵始终听党话、跟党走，争做铁心向党的红色传人。党的十八大以来，“红一连”坚持用习近平新时代中国特色社会主义思想和习近平强军思想建连育人，传承红色基因、铸牢忠诚之魂，践行初心使命、勇当强军先锋，圆满完成调整移防、国际维和、沙场阅兵等重大任务，成为强军征程上一面不褪色的旗帜。

“组织上入党一生一次，思想上入党一生一世”

“经常有人问我，在‘红一连’，什么东西最宝贵？那一定是我们听党指挥的政治基因。”郑纪文说。2019 年 6 月，他出任“红一连”第五十二任政治指导员。

一到连队，郑纪文就扎在连史馆里，重温历史、感悟初心。历史画卷，将他带回到 90 多年前的峥嵘岁月——

三湾改编半个月后的一个夜晚，毛泽东同志在“红一连”亲自组织发展 6 名新党员，建立了人民军队第一个连队党支部，开创了我军“支部建在连上”的先河。从此，党来到了夜晚营地的篝火边，来到了每个战士的身旁，党的血液迅速流贯部队的全身。

“正是在党的坚强领导下，‘红一连’才取得了一个又一个胜利。”回望连队历史，郑纪文越发坚信一个道理：“跟党走，准没错！”

行动上的坚定，源自思想上的清醒认识。

进入新时代，连队官兵继续坚定听党指挥的信仰信念，用党的创新理论武装头脑，并将其投入强军实践。在“红一连”，随处都能感受到浓厚的学习氛围：班排书柜上摆满理论书籍，信息视窗内滚动播放理论要点，理

毛泽东组织 6 名战士入党宣誓（油画）

论学习本上记满官兵的体会心得。官兵们说：“学习党的历史和创新理论，已经成为我们生活的一部分。”

“坚持党指挥枪、建设自己的人民军队，是党在血与火的斗争中得出的颠扑不破的真理……”讲台上，战士张鲁豫分享了自己学习习主席在庆祝中国共产党成立100周年大会上重要讲话的心得体会。他声情并茂的讲述，赢得战友阵阵掌声。

谁能想到，讲台上这个意气风发的小伙子，刚入伍时，曾在自我介绍中紧张得说不出话。下连后，张鲁豫一有时间就往学习室里钻，如饥似渴地学习党的创新理论，将《习近平论强军兴军》等书籍读了又读，渐渐地从一个怕写心得、怕被点名提问的“困难户”，变成了理论学习“小达人”。

“组织上入党一生一次，思想上入党一生一世！”张鲁豫的这句座右铭，也是“红一连”全体官兵的心里话。日积月累的教育熏陶，一点一滴的感召浸润，使“红一连”像一座赤诚火热的红色熔炉，感染着、塑造着、激励着一代代“红一连”官兵高高举起听党指挥的旗帜，做党和人民的忠诚卫士。

“即便再多艰难险阻，我也要不辱使命，为战旗增色”

2019年，庆祝新中国成立70周年大会阅兵式上，战士胡长春擎着“百战百胜”战旗通过天安门广场，接受党和人民检阅。

完美的表现，是用无数汗水换来的：在训练过程中，脚练肿了，他换上大一码的鞋继续练，从41码一直换到44码；眼练红了，他滴点药水接着上，瞒着队医坚持训，练出了高水准。当他擎着“百战百胜”战旗通过天安门广场时，全连官兵热泪盈眶、备感振奋。

“战旗代表的是连队的荣誉。”胡长春说，“革命先烈为了信仰历尽万般险难，作为他们的传人，即便再多艰难险阻，我也要不辱使命，为战旗增色！”

连队的荣誉代代传承，“红一连”官兵愿意用生命去捍卫。行走在连队各个场所，记者发现，该连排排授过奖、班班有战功，荣誉旗帜和战斗英雄的画像遍布官兵宿舍、连队走廊。连长胡贯蕾介绍，他们将连队传统融入生活中，引导官兵寻根溯源感悟战斗精神，在心灵震撼中激发血性胆气。

“红一连”连史馆珍藏着一件传家宝，是长征途中毛主席同连队官兵一起用过餐的红菜盘。它见证了那段为革命理想燃烧激情的岁月，激励着一代代官兵为了党的事业不懈奋斗、砥砺前行。

现在的“红一连”，虽然红菜盘换成了分餐盘，红米饭南瓜汤变成了五菜一汤，但官兵一致、同甘共苦的作风始终没有变。每年连庆日，官兵都会吃上一顿不同寻常的“忆苦思甜饭”：一盘高粱米饭、一碗南瓜汤、一碟苦野菜，官兵都懂其中的深味。

“月评6名优秀党员”，是连队的优良传统，也是连队官兵最珍视的荣誉之一。月评优秀党员是连队传承几十年的传统，无论在营还是驻训，连队每月都会组织评选表彰。“优秀的党员很多，想评上这个荣誉，难度可不小。”一名班长告诉记者，“指导员郑纪文上任4个月才被评上，排长汤明达苦练6个月才获评。”

前一段时间，上等兵潘韶钰被评为优秀党员。新兵刚下连，凭借学习成绩优秀入党的潘韶钰，也遇到了训练成绩不理想、连队生活不适应等难题，但他都一一克服，不断锤炼军事素质，成为训练标兵。“是连队厚重的红色传统、数不尽的英雄故事，不断激励着我努力拼搏，奋力成为红色钢铁战士。”潘韶钰说。

“假如战争真的来临，我们有信心、有能力歼灭来敌！”

打开官兵背囊中的水壶，水是每天更换的纯净水；打开干部的挎包，里面放置着最新的作战地图、标图工具；走进研战室，里面有最新的军事前沿知识……记者们走进“红一连”，都会强烈地感到，这是一个随时把备战落实在生活中和行动上的连队。

“‘红一连’的威名是打出来的！”该旅旅长杨金龙介绍，革命战争年代，一连先后参加战役战斗300多次，打出“百战百胜”荣誉称号。

刀锋永不卷刃，出鞘势如钧雷。和平年代，战争的硝烟已远去，“红一连”官兵的忧患意识从未消退，备战的思想从不懈怠，练兵的行动从不停滞，时刻保持“全时待战、随时能战”的临战状态，每逢抢险救灾、国际维和等急难险重任务，一连总是闻令而动、勇敢亮剑，次次圆满完成任务。

“红一连”有项制度，每月都要组织一次不少于25公里的战备拉练。2020年冬天，一次连队计划次日组织战备拉练，可就在这时，突然下起雨夹雪。“连长，预报明天有大雪，训练还进行吗？”连长胡贯蕾坚定地回答：“战争不会选天气，敌人不会挑时间。”

次日清晨，胡贯蕾接受战斗命令后紧急展开战斗部署，按实战要求组织了14个小时的强化训练，将人员体能技能练到极限，不仅锤炼了官兵在严寒条件下的打赢本领，还从中发现了一些短板弱项，形成了一套更加完善、更贴实战的战斗预案。

官兵们将“作为一连人，横竖都是一”常挂在嘴边。训练中，“红一连”官兵们更是保持一流标准，让“勇争第一”的理念深入每名官兵内心。

2020年参加旅司号员集训的战士李赛赛，体型瘦弱、肺活量低，在集训之初，表现不突出，并不被看好。

为了争第一，李赛赛每天自我加压，下午10公里耐力跑，每晚熄灯后继续练体能……不到一个月时间，他的训练成绩突飞猛进，在最终考核中一举夺魁。在公布集训结业成绩时，一名教练员感慨地说："能实现逆袭，'红一连'的兵就是不一样！"

在军队规模结构和力量编成改革中，"红一连"奉命移防至数百公里外的关中大地。部队刚到新营区，连队党支部当机立断："安家设营工作需要过程，但战备秩序恢复一刻也不能停！"

当天下午，时任连长周光魁便带领干部骨干勘察疏散地域，调研驻地附近民社情，及时查看战备进出口道路、修订细化战备方案，组织官兵进行战备演练，周密做好各种应急准备。

训练越贴近实战，打赢就越有底气。全员全装战斗演练结束，望着一连回撤的背影，旅领导信心满满："加钢淬火，锋刃如新。制胜未来战场，'红一连'官兵时刻准备着。假如战争真的来临，我们有信心、有能力歼灭来敌！"

短评

听党指挥　绝对忠诚

龙　益

铁心向党永追随，薪火相传写忠诚。"红一连"，这支诞生于秋收起义的英雄连队，先后参加战役战斗300余次，完成非战争军事行动40余次，5次被授予荣誉称号，28次集体立功。进入新时代，连队在习近平新时代中国特色社会主义思想和习近平强军思想引领下，坚持用党的创新理论武装官兵，筑牢信仰之基、补足精神之钙、把稳思想之舵，确保绝对忠诚、绝对纯洁、绝对可靠。

无论部队番号怎么改、驻地如何变，“红一连”听党话、跟党走的政治坚守永远不变，这也是这支连队走过94年风雨征程，依然充满活力的根本原因。前进道路上，人民军队必须牢牢坚持党对军队绝对领导，任何时候任何情况下都以党的旗帜为旗帜、以党的方向为方向、以党的意志为意志。在党的坚强领导下，我们的人民军队，一定能不断谱写强国强军新篇章，创造无愧于历史和时代的新的光辉业绩！

《人民日报》2021年7月27日

“红一连”为什么这样“红”？

李楠楠

她从秋收起义战火硝烟中走来，毛泽东同志亲自在该连组织发展 6 名新党员，建立了全军第一个连队党支部，开创“支部建在连上”的先河，被誉为“军魂发源的地方”。

“红一连”连史馆雕塑（姜东坡　摄）

和平年代，当战争的硝烟远去，陆军第83集团军某旅“红一连”官兵忧患的意识从未消退、备战的思想从不懈怠、练兵的行动从不停滞，时刻保持“随时能战、全时待战”的临战状态。

“素质不过硬，愧做党的人”，这是“红一连”党支部叫响的一句口号。“红一连”官兵筑牢思想堤坝，颗颗红心向党。党旗挥舞的方向，就是前进的方向。

“红一连”为什么这样“红”？

这里的连史馆“不一般”

大学生士兵潘韶钰入伍时训练成绩不合格，他在连史馆里找到人生目标，努力训练成为训练标兵；新排长王檀瑄入连时不适应连队工作节奏，他在学习连史中找到了方向，从此坚定信念扎实工作；对抗演习失利，党支部副书记胡贯蕾站在连史馆反思席上反思检讨，补齐短板夺回荣誉……

到底是什么改变了他们？“红一连”连史馆里到底有什么？“连史馆里有红色种子，把它融入了血脉，就能迸发无穷的力量！”他们的回答斩钉截铁。

“潘韶钰被评为本月优秀共产党员了！”2020年9月，列兵获评优秀党员的事在“红一连”刮起了一阵议论风。

军士支委柯昌水告诉记者，月评优秀党员是连队传承几十年的传统，无论在营还是驻训，连队每月都会组织评选表彰，然而次数虽多，获评难度可不小。指导员郑纪文上任4个月才被评上，排长汤明达苦练6个月才获评。

和潘韶钰聊天，记者了解到，这个皮肤黝黑、活跃干练的25岁小伙子，虽然兵龄只有一年半，却也是入党3年的老党员了。但在新兵刚下连的时候，潘韶钰也遇到了训练成绩不理想、连队生活不适应等难题。他的转变源自连史馆，“我被连队厚重的红色传统，数不尽的英雄人物深深地震撼到了，他们不断激励着我努力拼搏，奋力成为红色钢铁战士。”

走进“红一连”连史馆，浓厚的红色传统氛围扑面而来：一面面锦旗记录着连队的辉煌；三湾改编建立党支部、警卫遵义会议，昭示着铁心向党的忠诚；21 名连队英模和典型画像，诠释着牺牲奉献、崇尚荣誉的价值追求。

这里的党员有“特权”

在“红一连”，官兵们把险难面前勇当先看作是党员的“特权”。

一次，驻地某工厂厂房被积雪压塌，上级命令一连迅速前往救援。官兵大雪中奋战了 5 个多小时，厂房物资已基本转移完毕，天也黑了下来。宿营时，连队主动让出部分保温效果好的帐篷给受灾群众，仅剩不多的帐篷如何分配？干部让战士，党员让群众，老兵让新兵。时任党支部书记王玉光喊道：“支委留下来开会，其余人进去休息，谁也不准过来听。”当晚，战士全部住进帐篷，支委挤在单兵帐篷里相互取暖度过寒夜。

那年连降暴雨，驻地县城告急，正在训练的“红一连”突然接到上级命令要迅速赶往县城执行抗洪抢险任务。时任连长楚科纬第一时间集合全连官兵部署救灾任务：“所有党员成立突击队，带上工具跟我出发。”

一声令下，“红一连”的党员们没有丝毫犹豫都站了出来。而此时，从小就在河边长大、水性好的李军也悄悄跟在了党员们的后面。他实在是想去参加抗洪任务，企图“蒙混过关”。

眼瞅着就要登车了，李军却被细心的连长一把揪了出来：“你不是党员，不能去。”“都是一连的人，为啥我不能去？”李军反问道。“抢险救灾党员优先，你不是党员，回去吧！”楚科纬来不及多解释，赶紧让人关上后挡板。李军非要参加，抓着车后挡板不松手。时间紧急，楚连长只好让李军上了车。

洪水逐渐得到控制后，老乡们送来了一盆面条。连长笑着对李军说：“让还没有入党的战士先吃，也是党员的‘特权’。”

党员带头勇当先，时刻准备冲在前。长江抗洪抢险，是党员手拉着手首先跳入洪水；中俄联合军演，是党员第一个勇敢地驾车入海；汶川抗震救灾，是党员带头舍生忘死地扒开废墟救人……多年来，一段段党员立身为旗的故事，成为“红一连”官兵心中难以磨灭的记忆，更成为“红一连”战无不胜攻无不克的制胜密码。

这里的干部“不好当”

在“红一连”，被评选为优秀党员不仅是莫大的荣誉，更是沉甸甸的责任。因为，他们的战备行动方案总是“党”味浓厚：每逢急难险重任务，当月评选的6名优秀共产党员就是应急突击队员；如果6名优秀共产党员人数不够，就组织党员突击队；每当危险来临，一连党员总是冲在前，党旗总是在任务一线高高飘扬。

2021年一连开训动员，现任连长胡贯蕾在全连面前讲：下半年连队将选派人员参加国际军事比赛，谁能夺得金牌，就给谁立功入党。人员一解散，军士支委柯昌水就找到连长：“鼓舞士气是好事，但入党不是你一个人说了算，也不能仅凭夺金牌这一个方面！”胡贯蕾当即认识到自己的失误，在连队晚点名时进行了公开检讨纠正。

军士向连长提意见？在这个连队可不是什么稀奇事。“红一连”党支部对党员有一项基本要求：发现问题要敢于批评、敢于纠正、敢于较真，谁当“老好人”就和谁过不去。

批评武器不丢，建设方向不偏。“红一连”党支部积极搭建运用组织生活会、双向讲评会、官兵恳谈会 3 个平台，把批评与自我批评经常化、制度化、群众化，做到了“批评无禁区、监督无死角”。

“红一连的兵，红一连的枪，红一连的历史远又长……”每次饭前一支歌，“红一连”的歌声嘹亮，在营区久久回荡。

人民网 2021 年 7 月 27 日

永远的军魂

——陆军第 83 集团军某旅“红一连”锻造红色传人记事

李清华　张圣涛　王会甫

雄伟的井冈山，

八一军旗红。

开天辟地第一回，

人民有了子弟兵。

……

问渠那得清如许？为有源头活水来。如果说，南昌起义塑造了人民军队的“形”，那么，三湾改编无疑熔铸了人民军队的“魂”，而保证这支军队军魂永驻的一项重要原则和制度，就是“支部建在连上”。1927 年，毛泽东同志来到参加秋收起义的一个红军连队，在这里亲自发展 6 名党员，成立了我军第一个连队党支部，开创了“支部建在连上”的先河。这个被誉为“军魂发源的地方”的连队，就是陆军第 83 集团军某旅“红一连”。

人民军队党缔造，军魂永固心向党。新的征程上，“红一连”官兵在习近平强军思想指引下，始终坚持党对军队绝对领导的“命根子”，加钢淬火强军路上百战百胜的“枪杆子”，薪火相传见证我军宗旨的“红盘子”，人人争做红色传人，个个勇当强军先锋，处处立起党员标杆，续写“支部建在连上”新篇章。

“红心永向党，风雨不迷航”——“红一连”官兵人人争做红色传人

驻守在华山脚下的“红一连”，创下了参加战役战斗 300 余次的辉煌历史，他们历经调整整编 19 次、移防换防 21 次，参与国际维和行动 6 次，圆满完成非战争军事行动 40 余次，28 次立功。他们曾荣膺“百战百胜”战旗，被中央军委授予“党支部建设模范连”荣誉称号，是全国全军先进基层党组织、践行强军目标标兵单位。

人有魂则勇，军有魂则聚。信仰、信念、信心，是人民军队能打胜仗的精神力量。强军征程上，“红一连”官兵坚持用习近平新时代中国特色社会主义思想和习近平强军思想建连育人，人人争做有灵魂、有本事、有血性、有品德的“四有”新时代革命军人。他们在系统学习习近平新时代中国特色社会主义思想和习近平强军思想行动中，坚持做到日记经典论述、周讲基本观点、月评理论标兵，让学习党的创新理论成为每个官兵的行动自觉。连队还把重大理论观点制作成床头卡，使官兵训练间隙能学、工作之余能记，让习近平强军思想占领官兵思想阵地、精神高地。

武术学校毕业的战士赵耀刚入伍时“宁跑五公里、不看一页书”，支部安排党员与他结成帮学对子后进步很大。后来，成为优秀士兵的他，还被保送到军校深造。赵耀说，是连队学理论氛围改变了他，是习主席讲话蕴含的人生哲理成就了他。

2020 年 5 月，集团军 40 余名党支部书记前往“红一连”探寻官兵学理论的成功密码。在与官兵座谈学习经验做法时，中士李阳深有感触地说：“创新理论就是指引我们前行的明灯。学不懂创新理论，怎么

听党话，何谈跟党走！”

在2021年党史学习教育中，“红一连”深入开展“回望百年路、党史我来讲”活动，收集整理100个党史知识点。官兵人人上讲台，讲一个红色故事、学一段光辉历史、悟一个革命道理；发动官兵讲述秋收起义、三湾改编、遵义会议等重大事件、重要会议、重要人物，通过回顾党的百年伟大奋斗历程，引导官兵深刻感悟红色政权来之不易、新中国来之不易、中国特色社会主义来之不易，充分认识中国共产党为什么能、马克思主义为什么行、中国特色社会主义为什么好。

他们发掘运用连队“排排授过称、班班有战功”的传统优势资源，沿着战斗历程开启“寻根之旅”，探访革命旧址、分享革命故事、重温革命初心。指导员郑纪文寻访第十三任连长钟国琴的后人，以《三负重伤不离党》为题，为大家上了一堂生动党课。官兵们听完老连长土城战役胸部中弹躺在担架上还要跟党走、攻打会理腿部骨折拄着双拐仍然跟党走、血战平型关头部中弹昏迷醒来继续跟党走的英勇事迹后，从中真正感受到了军魂的力量。

“支部铁拳头，党员刀尖子”——“红一连”官兵个个都是强军先锋

战场无亚军，一切为打赢。在庆祝新中国成立70周年阅兵式上，“百战百胜”战旗光荣接受了党和人民的检阅。

强军路上，“百战百胜”战旗已成为官兵攻坚克难的精神利器。在历次比武考核、驻训演习等任务中，“红一连”释放出巨大血性胆气，取得百战百胜佳绩。官兵们说，根源就在于“支部就是铁拳头、党员都是刀尖子”。

面对改革转型，连队党支部转型先转观念、强连先强支部，组成

了“支委夜校”研究建设难题，依托“研战室”探讨训法战法。每次演习比武，由支委组成的示范班都冲在最前沿。

2021 年 4 月，连队主战装备全部换装，党支部提出“驾驭新装备，支委当尖兵”战斗口号。训练场上，支委驾示范车、书记当车长。他们白天练技能、晚上搞推演，终于在全旅囊括所有课目桂冠。在“红一连”，党支部一班人和党员骨干时时处处发挥着标杆、旗帜作用。每名党员都有训练等级证书，人人精通连属武器。

下士崔文科备战“晴空”国际军事比赛，开车通过凹凸路时，肋骨撞裂仍坚持完成该课目，官兵们说他“宁可骨裂、不失骨气”。“断了鼻梁、挺起脊梁”的副连长王雷参加旅群众性练兵比武，过障碍时鼻梁被碰骨折，他毅然坚持跑完全程，为“红一连”增光添彩。

2015 年 5 月，参加全军首批赴南苏丹维和步兵营的连队官兵，在执行巡逻任务时突遇难民营爆发大规模冲突。在枪声大作、炮弹横飞时刻，党员突击队迅速筑起隔离带，连续 3 个小时卡点控道、分区封控，联合国驻南苏丹特派团指挥官称赞“红一连”名不虚传。

近年来，“红一连”官兵先后探索出 13 种战法训法，有力提升了军事训练的实战性。党的十八大以来，“红一连”在旅以上比武考核中，共夺得 13 个总评第一、370 个单项第一的佳绩，连队连年被集团军表彰为“强军兴训先锋连”。

“青春红似火，奋斗正当时”——
“红一连”官兵时时处处追梦圆梦

在“红一连”连史馆里珍藏着一件搪瓷斑驳的红菜盘，1935 年长征途中，毛泽东同志曾用它同连队官兵一起就餐。这件镇馆之宝凝结着官兵一致、艰苦奋斗、革命到底的光荣传统和优良作风，激励着官

“红一连”的战士们在连史馆里看传家宝红菜盘（姜东坡 摄）

兵保持战争年代那种革命热情、那股拼命劲头。

无论环境条件和官兵成分如何变化，“红一连”官兵始终心想在一起、汗流在一起、苦吃在一起，团结坚强如铁，共同携手追梦。

2008年汶川大地震抗震救灾期间，连队奉命挺进震中映秀镇，途中险情不断，干部走在前、战士走在后，老兵在外面、新兵在里面。一次突遇强烈余震，班长王跃华看到滚落的山石即将砸向新兵鹿志方，一把将鹿志方揽在怀里，所幸落石只是砸中了鹿志方的水壶。后来，被砸瘪的水壶进了连史馆，当年被保护的新兵也成了老班长那样爱兵的人。

艰难困苦，玉汝于成。2017年连队转型重塑，很多官兵面临转岗改训，要像新兵一样从头学起。班长张鲁豫由机枪手改为狙击手，为缩短岗位适应期，他跟自己较上了劲：越野负重别人10公斤他15公斤，举枪瞄靶别人2小时他3小时，伪装潜伏身上多放一倍爬虫，被咬得浑身是包也纹丝不动。靠着这股拼命三郎的劲头，他一举斩获集团军狙击手集训考核第一名。

很多人不理解，一个零基础的“插班生”是如何实现逆袭的？张鲁豫挂在嘴边的话可能是最好的注解：“年轻时就是要对自己狠一点，用百倍的努力成就优秀的自己，不能给火热的青春留下遗憾。”

奋斗创造历史，实干成就未来。每年老兵复退时，“红一连”老班长们恋恋不舍的是朝夕相伴的战车、心心相念的是连队建设，他们交战位职责、交专业教案、交装备底数，毫无保留把自己的“真经宝典”传下去，心里只有一个念想：只要一代代接续奋斗，改革必成、强军可期。

无论是在军营，还是回到地方，“红一连”官兵始终奋斗不息、拼搏不止。

退伍战士石骏杰回到山东临沂担任村党支部书记后，从党建抓起，带领村里 66 名党员建强党支部，让曾经贫困闭塞的落后村，变成了山东省“美丽村居建设试点村”。

“聚是一团火、散是满天星”。2012 年以来，“红一连”退伍官兵中先后有 39 人被评为优秀国家公务员或村干部，他们退伍不褪色，走到哪里就和当地的人民群众结合在一起，像蒲公英一样生根、开花、结果，在为中国梦不懈奋斗中实现人生价值。

新华社西安 2021 年 7 月 26 日电

永远的堡垒

——陆军第83集团军某旅“红一连”党支部发挥战斗堡垒作用记事

李清华 高腾 魏勇

建党百年征程阔，烽火连天旌旗红。

被称为“军魂发源的地方”的“红一连”，曾在历史上开创了我军“支部建在连上”的先河。“红一连”为什么红？“红一连”为什么硬？“红一连”为什么强？

“支部建在连上”是一个重要原因。党对军队的绝对领导，是我军的军魂和“命根子”，永远不能变，永远不能丢。连队工作的好坏，首先取决于党支部工作的好坏，只有支部工作做好了，战斗力才会增强。

“堡垒往往最先从内部攻破！”90多年来，“红一连”党支部一代代成员时刻把“赶考路”作为“长征路”，在新时代强军路上，永远筑牢信仰之基，补足精神之钙，把稳思想之舵，始终坚守“支部建在连上”根本制度，勇于自我革命，严管党员骨干，保持组织肌体健康活力，真正让支部不仅建在连上、更要强在连上。

“多面手”支委又红又专，“敢为先”党员冲锋在前

作为全军第一个连队党支部，“红一连”党支部对支委要求以“严”

著称——

基础课目，全部优秀才算过关；险难课目，训到极限才算过关；指挥技能，实战管用才算过关；比武竞赛，拿到名次才算过关。

2020 年 10 月，新排长王檩瑄以旅集训队第一名的优异成绩来到“红一连”。本以为凭借过硬素质可以在“官之初”大展身手，然而，下连不久，王檩瑄就遭遇了“滑铁卢”。

要想成为“红一连”党支部的支委，必须要过传统关、理论关、军事关三重考验。经过几天的备考，王檩瑄虽顺利通过理论关，但由于没有回答上来多个连史问题，以及抽考课目没有达到全部优秀，最终没能闯关成功。

闯关失败没有让王檩瑄失去斗志，而是愈挫愈勇。两个月后，王檩瑄主动要求再闯“三关”。最终，他凭借坚持不懈的努力，军事训练课目全优，连队历史如数家珍，顺利当选支部委员。

长期以来，“红一连”党支部一代代支委成员始终坚持“艺不精不带兵，练不强不上岗”原则，人人考取等级证书、精通连属武器、掌握指挥技能。

在连队支委的带动下，“红一连”每个党员始终做到学习上带头，思想改造走在先；训练上带头，险难课目练在先；工作上带头，苦活累活干在先；生活上带头，遵规守纪严在先；打仗上带头，生死关头冲在先。

2016 年，在野外驻训的“红一连”经常开展为村民理发、清理街道卫生等助民活动。细心的村民发现，这些官兵们胸前都佩戴着鲜艳的党徽。

“素质不过硬，愧做党的人”，这是“红一连”党支部的响亮口号。目前连队 34 名党员，每次民主评议满意率都是 100%，12 人立过功，31 人受过团以上表彰，个个叫得响，人人过得硬。

“敢红脸”思想武器尖锐，“严落实”组织生活正规

从秋收起义走来的“红一连”，一代代官兵形成了“党员问题群众敢讲、支委问题党员敢点、书记问题支委敢批”的“三敢”传统。

2021年开训动员，连长胡贯蕾在全连大会上表示，这次参加国际军事比赛，谁能夺得金牌，就给谁立功入党。

会后，支委柯昌水找到连长说：“鼓舞士气是好事，但入党不是你一个人说了算，也不能仅凭夺金牌来定。”胡贯蕾当即认识到自己的失误。当晚，在连队点名时，他面向大家进行了自我批评。

批评武器不丢，建设方向不偏。“红一连”党支部运用组织生活会、官兵恳谈会多个平台，把支委之间、官兵之间的批评与自我批评经常化、制度化，使批评的思想武器越擦越亮，团结的氛围越来越浓。

2020年9月，“红一连”参加一场综合演习。奔袭途中，胡贯蕾不慎崴脚，官兵你争我抢帮其分担装具，连队最终取得了综合第一的好成绩。

在“红一连”，把党小组会开到病床前的故事，被官兵们传为佳话。

2016年2月，五班班长杨意由于训练过猛，导致右脚踝粉碎性骨折。在卧床养伤的日子里，杨意听到“下午要开党小组思想汇报会”的消息后，利用中午时间写了满满几页纸的思想汇报。

下午党小组开会的时候，大家没有想到，没有接到开会通知的杨意拄着拐杖，拿着思想汇报走了进来。从那以后，为了照顾杨意，他的病床前，就成了党小组开会的临时地点。

“跟我来”展现支委风范，“看我的”擦亮党员名片

雄关漫道真如铁，而今迈步从头越。阔步走在新时代强军路上的“红一连”党支部，一直是奋力领航的“先行者”——

党员先锋岗支委先站、险难训练课目支委先训、岗位练兵比武支委先考、急难险重任务支委先上、棘手问题破解支委先来、切身利益面前支委先让。

一次，驻地一家工厂厂房被积雪压塌，上级命令他们迅速前往救援。官兵们在大雪中奋战了近5个小时后，厂房物资基本转移完毕。此时，救灾现场天寒地冻，连队把一些棉帐篷让给受灾群众，这意味着部分人员要睡冰冷的单兵帐篷。

谁住暖和的棉帐篷？一时间，干部让战士，党员让群众，老兵让新兵。时任党支部书记王玉光命令：“支委留在单兵帐篷里开会，其余人进棉帐篷休息。”

第二天凌晨，看到在寒冷的单兵帐篷里挤成一团的支委们，战士们眼圈都红了。

这就是“红一连”党支部，一个永远不会被任何敌人攻破的战斗堡垒。

新华社西安2021年7月27日电

永远的英雄连

——第 83 集团军某旅“红一连”弘扬抗战精神练兵备战记事

刘小红　陶　然

这是一个光荣的英雄连队。

第 83 集团军某旅“红一连”因成立了解放军历史上第一个连队党支部，开创了“支部建在连上”的先河，被誉为“军魂发源的地方”。

1942 年 11 月 15 日，为粉碎日军对苏北根据地的“大扫荡”，解淮海区党政领导机关之围，“红一连”官兵连夜奔袭 80 余公里，在双头

山抗击日伪顽军。战后，连队被授予“百战百胜”战斗锦旗。

步入新时代，“红一连”官兵始终把军魂融入灵魂，坚持弘扬抗战精神，当先锋、打头阵，挑重担、任主攻，圆满完成各项任务，不断锤炼能打胜仗的过硬本领。

“‘红一连’的赫赫威名，是浴血奋战打出来的，也是实战实训拼出来的。”连长胡贯蕾说。

一次演练，二排执行火力支援任务。由于习惯依靠提供的情报掌握战场信息，没有关注自主侦察情报，导致队伍在行进时被袭击，一辆战车全员“阵亡”。

针对演练中暴露出的情况，连队打出一套组合拳：组织干部骨干研究新体制下连排战法训法；进行兵种岗位互换，组织多兵种联训提高协同配合能力；开展分级分层训练，将粗放式训练变为精准化训练。

“红一连”官兵在对抗演练中向“敌”阵地发起冲击（张永进　摄）

积极开拓创新收获颇丰。“我们先后探索出装甲步兵连合成作战编组模式等10余种新训法战法，革新出8种训练器材，促进了连队战斗力整体提升。”胡贯蕾说。

2020年夏天，连队远赴高原开展适应性训练。在旅组织的对抗演习中，“红一连”担负最艰巨的主攻任务。交锋激烈时刻，班长柯昌水崴了脚，仍带领党员突击队完成穿插任务，为赢得胜利立下头功。演习结束，他的脚肿得连作战靴都脱不下来。

“‘红一连’的兵，就该冲锋在前。”柯昌水说。

一次，刚刚执行完任务的连队官兵正要休息，突然接到迅速转入纵深攻击的紧急命令。时任连长周光魁带领党员车组第一个出发，率先抵达“敌”阵地前沿。

那一战，官兵们连续奋战，没有一人叫苦叫累，圆满完成攻击任务，将“红一连”的旗帜插上蓝军阵地。

近年来，“红一连”每天进行一次军情研究，每周不少于一次战备演练，每月一次紧急出动。每次驻训，连队做的第一件事不是安营扎寨，而是及时查看战备进出口道路、勘察疏散隐蔽地域、修订细化战备方案，周密做好各种应急准备。

前不久，20公里长距离战斗体能训练中，连队导调不按照常理出牌，战斗一开始就发出多个复杂敌情，官兵们按照平时训练成果，从容应对，顺利处置情况。

近年来，连队参加上级比武考核夺得320余个第一，年年被评为“军事训练一级连”。

“‘红一连’能征善战的血性品格和战斗精神，在官兵身上代代传承、生生不息，铸就了永远的英雄连。”指导员郑纪文说。

新华社西安2020年9月4日电

用优良传统砥砺打赢硬功

——陆军第 83 集团军某旅“红一连”传承红色基因锻造强军战斗堡垒记事

李清华　马永生　陶　然

三秦之地，华山脚下，驻守着一支闻名全军的英雄连队——陆军第 83 集团军某旅“红一连”。这支连队从三湾改编中走来，成立了我军历史上第一个连队党支部，开创了我军“支部建在连上”的先河，被誉为“军魂发源的地方”。

连队先后参加黄洋界保卫战、平型关大捷、辽沈战役等 300 余次战役战斗，屡建奇功，以作战勇猛、作风顽强著称，被授予“英勇连”等荣誉称号。

多年来，连队传承红色基因铸忠诚，用优良传统砥砺打赢硬功，用初心使命永固战斗堡垒，不断谱写新时代强军事业新篇章。

传统铸魂心向党

作为军魂发源地，“红一连”党支部始终坚持支委“抱团”，把听党话、跟党走作为建连之魂、育人之本。

“驻训条件艰苦，但和革命老前辈们比起来，这又算得了什么呢？”前不久，“红色故事会”在“红一连”如期举行，大学生士兵潘邵钰主动登台，赢得了阵阵掌声。举办“红色故事会”，是连队的传统。

欲知大道，必先知史。连队的辉煌历史，“红一连”官兵都如数家珍。

“1927年，毛主席亲自在我连发展6名新党员，建立了全军第一个连队党支部……”上等兵胡文斌在连史馆绘声绘色地讲解连队传统，受到了参观人员的一致好评。但将指针拨回一年前，他却是另外一番模样。

刚到“红一连”的胡文斌，对党的创新理论知之甚少，对连队传统始终提不起兴趣。

“1935年遵义会议时，‘红一连’担负警卫会议的重大任务……”听着战友在故事会上的讲述，胡文斌开始被“红一连”的传统吸引，暗暗下定决心，一定要学好传统。

他一有空就学习党的创新理论，积极参加各类群众性活动，不仅军事素质突飞猛进，还当上连史馆的解说员，成为大家公认的“理论达人”。

用连队优良传统铸魂育人，成了连队的又一光荣传统。几十年来，连党支部成员改选交接必须先讲“支部建连”传统，新兵下连、新干部任职必须先进荣誉室感悟历史传统，常态组织“学红色格言、讲红色故事、看红色影片、读红色书籍”等活动……

“学习理论就像呼吸新鲜空气。”旅政委段杰辉说，一旦真正感受到真理的力量，前行的步伐就会更加坚定有力。

实战本领练过硬

新时代新征程，“红一连”官兵始终铭记“百战百胜”的铁血荣光，不断锤炼打赢硬功。

2019年，党员张鲁豫第一个报名参加狙击手集训比武。

作为一名步枪手，张鲁豫从未接触过狙击枪，战友劝他放弃。他反而不高兴了：“别人能做到的，咱‘红一连’的兵，一样也能做到。”

第一次摸底考核，张鲁豫就被浇了一盆凉水：总成绩倒数第三。面对打击，他整夜未眠。

“作为‘红一连’的兵，从来不认输，再困难也要上。”从那以后，他把所有休息时间都花在补短板上。

学原理，他不懂的地方就缠着高手问个明白，自己再反复琢磨；找规律，他边学边练边归纳整理，一个月写了几万字的笔记；练瞄准，一个小时甚至更久，他趴在地上一动不动……

最终，张鲁豫在考核中一举夺魁，被评为优等射手。

不怕任务，越重越勇；不惧艰险，越难越勇；不畏对手，越战越勇。这就是“红一连”官兵的战斗意志和血性品格。

2019 年，“红一连”参加检验性实兵对抗演习。深夜，刚刚执行完 10 多个小时主攻任务的“红一连”突然接到迅速转入纵深攻击的命令。

时间紧任务重，官兵们又冷又饿，面对身体和心理的双重压力考验。

“‘红一连’的兵，从来不怕困难。”时任连长周光魁做完简短动员，带领党员车组第一个出发，在湍急的河边连续冲击，一举歼灭“敌人”。

近年来，连队年年被评为“军事训练一级连”，多次立功受奖。

党员干部当先锋

2019 年夏天，连队远赴川西高原开展适应性训练。在旅组织的对抗演习中，“红一连”担负最艰巨的主攻任务。

交锋激烈时刻，连队支委、班长柯昌水主动领命，率党员突击队穿插敌后。但高原含氧量低、再加上长时间奔袭，他体力透支很严重，又不小心崴了脚，每走一步都钻心地疼。留在原地休息，还是带队继续渗透？

“作为‘红一连’的支部成员，我们就应该冲锋在前。”柯昌水不顾脚伤，带领官兵完成穿插任务，为胜利立下头功。演习结束后，他的脚肿得连作战靴都脱不下来。

连队始终秉持“靠过硬的战斗堡垒带动整体过硬”的传统和理念，党支部一班人坚持抓自身、作示范，明确要求一个党员就是一面旗，险难训练课目党员先训、岗位练兵比武党员先考，急难险重任务党员先上、切身利益面前党员先让。

在“红一连”，每名支委都能熟练操作 3 种以上连属武器，手持两个以上专业的等级证书。2019 年，“谁是终极英雄”比武对决中，“红一连”党员车组带领全连一举夺得敌阵地，起到很好的引领示范作用。

新华社西安 2020 年 7 月 6 日电

铁心向党“红一连”

陆军党委

在中国共产党百年辉煌的历史长河中，有这样一支英雄连队，它从秋收起义走来，三湾改编时，毛泽东同志亲自在该连建立党支部，并发展了6名党员，开创了我军“支部建在连上”的先河。进入新时

连队党支部坚持把政治引领作为首要，筑牢官兵听党话、跟党走的理想信念（张永进　摄）

代，这支连队 2 次赴南苏丹维和，3 次参加阅兵接受党和人民检阅，4 次参加全军重大演训任务取得出色成绩，全面建设由内而外焕发出蓬勃生机。这支连队就是享誉全国全军、战功荣誉卓著的陆军第 83 集团军某旅“红一连”。2021 年 7 月 27 日，中共中央宣传部授予该连“时代楷模”称号。

90 多年筚路蓝缕、披荆斩棘，“红一连”矢志不渝听党话、跟党走，历经了 300 余次战役战斗、40 余次非战争军事行动摔打磨砺，培塑形成“铁心跟党过得硬、打仗冲锋过得硬、生死与共过得硬、争扛红旗过得硬”的连队精神特质。党的十八大以来，这支连队坚持用习近平新时代中国特色社会主义思想和习近平强军思想凝魂聚气、建连育人，传承红色基因、铸牢强军之魂，践行初心使命、勇当强军先锋，培育出一茬茬铁心跟党走的红色传人，成为新时代习近平主席号召的“三个过硬”基层的一面旗帜。

战旗永随党旗飘

不论是烽火硝烟的革命战争年代，还是激情似火的和平建设时期，一代代“红一连”官兵始终践行初心、担当使命，党叫去哪就去哪、打起背包就出发，党让干啥就干啥、时刻听从党指挥。

理想信念之火一经点燃，就会产生巨大的精神力量。红军长征途中，“红一连”官兵一次次面对生与死、是与非的考验，始终紧跟党中央、坚定追随毛主席。1935 年 1 月遵义会议期间，连队被指定担负会议警卫任务，保卫党中央安全，官兵们胜利完成任务，保证了会议顺利召开，用赤胆忠心为连史留下浓墨重彩的一笔。岁月更迭，赤诚不改，时间的年轮来到 2015 年。这一年，我军首次组建维和步兵营，远赴自然环境恶劣、民族矛盾尖锐、恐怖主义猖獗的南苏丹执行任务。

人员抽组命令下达到“红一连”，连主官心里直犯嘀咕：“这次维和不同以往，执行的是作战任务，面对的是生死考验，会有人报名吗？”没想到，当天连队人人写血书请战、个个要求上一线。老党员柯昌水岳母病重、孩子年幼，生怕自己被留下，反复追着指导员表态：“南苏丹维和是响应党中央号召、构建人类命运共同体的实际行动，‘红一连’的兵家里再难也要挺起胸膛去战斗！”一封封血书、一声声誓言，见证了“红一连”这支英雄部队的本色不改，彰显着新时代“红一连”官兵铁心向党的忠诚底色。事实证明，每当形势危急、组织召唤，“红一连”始终是党和人民完全可以信赖的坚强战斗集体。

军队的强大，有赖于科学理论的指导；坚定的信仰，离不开先进思想的引领。“红一连”坚持以理论清醒确保政治坚定，探索出一条支部组学、制度促学、党员领学、骨干帮学、网络助学的路子，让党的声音直达基层、掌握官兵。凡是到过“红一连”的人都有这样的感受：连队洋溢着红色氛围，官兵充盈着忠诚特质，人人心中有灯、眼里有光、脚下有路。战士赵耀文化底子薄，入伍前不愿上学去习武，下连后宁愿跑步也不愿学习，想干出名堂却找不到方向。时任指导员徐世伟了解情况后，没跟他讲太多大道理，直接把他领进连史馆。让赵耀深受触动的是，“训练标兵”提干的郭大喜应邀出席国庆观礼、受到毛主席亲切接见，不仅仅是军事本领过硬，而且理论学习也是先进。指导员一边介绍连史名人故事，一边让他注意观察鹿志方、董国强等优秀班长的精神特质，他们素质全面、作风过硬，最根本最首要的是心中有信仰、脚下有力量。耳濡目染中，赵耀豁然开朗：不学理论会迷路，学好理论有出路。从那以后，他把习近平强军思想作为“必修课”，找来相关的书一本一本地读、一句一句地悟，越学越想学，越学越有味道，就像换了个人，课堂上踊跃发言，训练时奋勇争先，成为公认的“文武全才”。战友们形象地说，强军思想在指路，赵耀天天在进步。当兵第6年，赵耀荣立二等功，保送提了干。

“红一连”官兵认一个理：谁拥护党就和谁亲，谁反对党就和谁拼。2021年年初以来，西方频频打出“新疆牌”，捏造炮制所谓“强制劳动”“种族灭绝”等话题，泼脏水、搞讹诈。新疆喀什籍战士艾麦提江义愤填膺，上教育课时主动走上讲台，邀请母亲视频连线，用一张张照片、一段段视频、一组组数据，生动讲述当地特色旅游红红火火、核桃产业欣欣向荣、刺绣商品供不应求的发展变迁，令美西方谎言不攻自破。艾麦提江动情地说：“过去出行骑骆驼、住的是土园子、走的是泥巴路，现在用上了小汽车、住上了小洋楼、通上了柏油路，身处新时代真幸运，跟着习主席真幸福！”面对世界百年未有之大变局，“红一连”任凭风浪起、心有定盘星，每届支部都是捍卫信仰高地的坚强堡垒，每名官兵都是坚决听党指挥的忠诚战士。

旗帜引领方向，思想照亮征程。“红一连”的鲜活实践，正是陆军广大官兵践行绝对忠诚的生动缩影。近年来，陆军党委始终把学习习近平强军思想作为最纯的政治忠诚、最好的政治训练、最大的政治任务，“深心实”铸就思想武器，“学思践”汇聚强军意志，“知信行”强固政治灵魂，部队建设铺展出一幅幅壮美的强军画卷。

锻造红色战斗堡垒

“支部建在连上”，是毛泽东同志关于人民军队加强党的基层组织建设的重要思想。党的十八大以来，习主席反复强调“支部建在连上”组织原则，强调要坚持扭住党的组织抓基层，落实好“支部建在连上”这一重要原则和制度，充分发挥基层党组织的战斗堡垒作用。“红一连”作为“支部建在连上”的源头，发扬红军传统，锻造红色堡垒，激活先锋因子，成为团结凝聚官兵的强大磁场。

“红一连”支部强党员硬，离不开“党员问题群众敢讲、支委问题党员敢点、书记问题支委敢批”的好传统。2021 年年初，该连受领参加国际军事比赛任务。在动员部署会上，连长胡贯蕾激动地脱口而出，“谁在国际军事比赛夺金牌，就给谁立功入党”。一散会，军士支委就找到连长说，“立功入党必须集体研究、支部决定，决不能搞主官意志、个人说了算”。胡贯蕾当即承认错误，晚点名时主动检讨纠正。在“红一连”，没有特殊党员，没有批评禁区，问题什么时候露头，批评帮助就什么时候开展，支部和连队始终充满虎虎生气。

“红一连”始终把政治标准放在首位，严把发展党员入口关，从不搞迁就照顾、论资排辈。下士王庆岗在同批战友中最早成为入党积极分子，感觉自己工作表现好、测评过了关，参加旅“军魂杯”比武还拿了单项第一，入党十拿九稳。支部研究认为，军事过硬不等于政治过硬，组织入党先要思想入党，这名同志对照党员标准思想不够成熟、作风不够过硬，需要继续考察培养。入党“卡壳”的王庆岗没有抱怨，反而因为找到了自身短板，从此更加严格要求自己，终于在半年后考察合格入了党。在“红一连”，党员入党前加油干，入党后拼命干。2020 年参加旅军事比武，连队取得 9 个单项第一，党员占了 8 个、支委占了 5 个。目前连队 34 名党员，每次民主评议满意率都是 100%，12 人立过功，31 人受过团以上表彰，个个叫得响，人人过得硬。

一个支部一堡垒，一名党员一面旗，“红一连”的党员个个都是铁拳头、刀尖子。革命战争年代，第十三任连长钟国琴参加土城战役，胸部中弹，躺在担架上继续指挥战斗；攻打会理，腿部骨折，拄着双拐跟着队伍行军；血战平型关，头部受伤不下火线，用鲜血和生命尽显一名共产党员的先锋模范作用。进入新时代，“红一连”官兵一入党又有了“三种身份”：突击队队员、示范班成员、攻关组组员，每逢急难险重任务，连队都要组织党员冲在第一线。2019 年，“红一连”奔赴海拔4300米的川西高原参加旅山地进攻对抗演练，担任红军尖刀连。面对一天有四季、说话喘粗气的“生命禁区”，面对身体脱水、呼吸缺氧的状况，他们保持斗志、全神贯注投入战斗演练。发起冲锋时，一条湍急的河流挡住了去路。河水冰冷、水深不明，绕过去必然贻误战机，冲过去可能出奇制胜。怎么办？关键时刻，指导员郑纪文、排长王雷等7名党员自发组成突击队，忍着高原反应率先跳下河水游了过去，其他战士见状热血沸腾，嗷嗷叫着冲进河流，一鼓作气拿下蓝军阵地。战士们激动地说：“有这样的党员干部，我们刀山火海也敢闯，一往无前打胜仗！”

一个坚强有力的模范支部，映照出人民陆军党建为本的优良传统。党的十八大以来，陆军党委坚决贯彻落实新时代党的建设总要求，着力在健全组织体系、强化组织功能上持续用力，在深化政治整训、坚强政治领导上持续用力，一个个党组织正本清源、筋强骨健、砥砺前行，成为党旗高高飘扬的红色战斗堡垒。

光荣传统代代传

“红一连”连史馆里，珍藏着一件镇馆之宝——毛泽东同志与连队官兵一起就餐使用的红菜盘。斑驳的红菜盘，见证了官兵一致、同甘共苦的光荣传统和优良作风，激励着一代代连队官兵艰苦奋斗、团结奋斗、接续奋斗。

每年9月29日连庆日，“红一连”都会吃上一顿“红军饭”，从高粱米、南瓜汤、苦野菜中追忆峥嵘岁月、品尝奋斗滋味，激励官兵保持战争年代的革命热情和拼命劲头。2021年4月，“红一连”所在旅全面换装新型装甲装备，试点先行需要吃透原理、练熟操作、密切协同，时间紧、任务重、难度大，“红一连”主动站出来。连队成立“支委示

“红一连”党支部成立“支委示范车”，带领战士研究新装备（姜东坡 摄）

范车”，连长当车长练通信指挥，逐个模块研究运行原理，在狭窄封闭空间一练一整天；指导员负责载员协同训练，每天登车百余次，腿上碰得青一块紫一块；副连长担任驾驶员，一开就是三四个小时，经常颠得直不起腰。进入夏季，装甲车内温度高达四五十摄氏度，支委合练一天下来，都是一身汗、满身土、浑身油。在他们的带动下，全连争分夺秒、苦学苦练，不到一个月就采集到 140 多项训练数据，梳理了 3 套简明操作手册，训法在全旅推广。

在“红一连”，环境越艰苦，战斗越残酷，情谊越牢固。2017 年年底，驻地一座工厂厂房被暴雪压塌，连队奉命紧急驰援，连续奋战 5 个多小时，成功转移大批设备物资，为群众挽回巨额经济损失。晚上天寒地冻，连队主动让出部分保温效果好的班帐篷给受灾群众。面对仅剩不多的班帐篷，干部让战士、党员让群众、老兵让新兵，谁都不肯住进去，时任指导员王玉光当即喊道：“大家进去休息，支委留下开会！”当晚，战士全部住进班帐篷，支委挤在单兵帐篷里相互取暖度过寒夜。在“红一连”还有一些不成文的规定：野外驻训，党员住门口、战士住里头；安排住宿，党员睡上铺、列兵睡下铺；休假探亲，党员主动让、群众优先排。“红一连”官兵任务抱成一团、生活打成一片，结下了甘苦与共、生死与共的革命情谊，锻造成召之即来、来之能战、战之必胜的钢铁集体。

一茬茬“红一连”官兵矢志“将革命进行到底”，为强军梦战斗，为中国梦奋斗。四川巴中籍战士杨意退伍返乡后，与人合伙在县城开了家 VR 体验馆，不到两年就回了本，正准备大干一场，镇党委安排他回老家九青村接任村支书，带领乡亲们脱贫摘帽、拔掉穷根。合伙人劝他：扔下体验馆这只“下蛋金鸡”，跑回穷山沟接“烫手山芋”，图个啥子哟！但杨意态度很坚决：有了出息不忘党，带领乡亲奔小康！九青村散落在山沟沟里，人均半亩地，收成看天气，年轻的“兵支书”能不能行？ 200 多户村民心里都没底。杨意从群众反映最大的供水渠修起干起，带着村里的党员没白没黑连续奋战，仅用半个月就疏浚了 10 多年堵塞不通的水渠，立起了支部威信，赢得了群众信任。两年多时间，他带着乡亲们建起百亩茶园、搞活集体产业，38 个贫困户全部脱贫。2020 年 10 月，九青村被中央文明委表彰为“第六届全国文明村镇”。“红一连”的兵退役不退志、退伍不褪色，不论在哪个岗位，都是叫得响的好汉。

我们党历经百年而风华正茂、饱经磨难而生生不息，就是凭着一股革命加拼命的精神。近年来，陆军党委深入挖掘厚重历史蕴含的革命传统、革命精神，遵照习主席重要指示精神，用好红色资源，传承好红色基因，把红色江山世世代代传下去，引领百万陆军官兵逐梦青春、奋斗强军，用忠诚、奉献和拼搏奋力跑好属于这一代人的接力棒。

续写“百战百胜”新荣光

庆祝新中国成立70周年盛大阅兵仪式上，战旗方阵中有一面“百战百胜”英雄旗帜属于光荣的“红一连”。历经战火洗礼，连队素以军事过硬、能征善战著称；进入新时代，全连官兵继续把使命举过头顶、责任扛在肩上，把“百战百胜”续写在猎猎战旗上，誓做让党和人民放心的尖刀铁拳。

能战方能止战，实战必先实训。在平日的训练中，“红一连”坚持自我加压极限训练，5公里武装越野、25公里强化训练、战斗体能连贯考核是家常便饭；步枪精度射击追求满环率、隐显目标射击显靶时间缩短一半成为常规操作；装甲车辆夜间闭灯、复杂路段和恶劣天气驾驶必训必考，努力把体能练到极限、技能训到极致。集团军组织建制连抽考，轮到“红一连”实弹射击时突然下起了大雪。集团军考核组主动提出，公平起见可以改天再考。但连队认为：考场就是战场。寒风往领口袖口里钻，雪花向手上脸上打，让人握不稳枪、看不清靶，但这些都难不倒“红一连”，平时真难严实的刻苦训练、难局险局的磨砺考验，让据枪、瞄准、击发早已形成肌肉记忆。随着主考官一声令下，官兵行云流水、一气呵成，打出了优良率90%的好成绩。

近几年，新的作战样式、作战手段加速演进，无人作战、信息作战、智能作战等成为重要战争形态。“红一连”直面挑战、勇于创新，建立全旅第一个“研战室”，将官兵划分为13个研战小组，开展“克敌制胜三两招”群众性实践活动，创新“装甲目标反制无人机打击16字诀”等13种战法训法，革新振动头盔等8种训练器材，开发战备库室管理系统等5套软件，推动连队备战打仗跑出“加速度”。连队有名的“创新达人”缪辉把“不创新就灭亡”当成座右铭，他绞尽脑汁、反复尝试，探索出“夜间射击显靶系统”和“激光模拟校射法”，使夜间射击优良率提高了20%。如今，该连人人争当“信息通”“敌情通”“装备通”，谁能在制胜机理上钻出新道道、在训练转型上拿出新成果，谁就是连队最亮的“星”。

在革命战争年代，“红一连”以“钢少气多”力克“钢多气少”，如今钢更多、气更盈、骨更硬。一次合成营战术演习，“红一连”前出开辟通路，班长欧后恭、战士杨泉主动请缨担任爆破手。为躲避炮火压制，两人交替掩护、隐蔽接敌，在遍布蒺藜的砂石地匍匐跃进500多米，杨泉的膝盖被石头碴子磕得鲜血直流，染红了半边裤腿都浑然不知；欧后恭破开铁丝网时，手掌被划开一道5厘米长的口子，血流如注却全然不顾，奋力为后续分队打开一条“血路”。这样的人和事在“红一连”还有很多。2020年盛夏，下士崔文科参加国际军事比武选拔考核，驾车加速通过一段凹凸路时，战车腾空跃起，落地一刹那，崔文科的胸口狠狠砸在方向盘上，但他强忍剧痛，全速冲向终点，一举打破纪录，下了赛场医生检查才发现肋骨撞裂了3根。战友们问他为啥这么拼，他说：“‘红一连’横竖都是一，必须夺第一，上了赛场就得豁出去，倒也要倒在终点线！”靠着这股血性豪情，“红一连”逢敌敢亮剑、打仗敢冲锋，人人都是尖刀上的刀尖。

强国必须强军，军强才能国安。党的十八大以来，陆军部队广大官兵深化实战实训、联战联训、科技强训、依法治训，枕戈待旦随时能战，坚决以更强大的能力、更可靠的手段捍卫国家主权、安全、发展利益！

习主席发出3个“能不能”的“强军之问”，即“在党和人民需要的时候，我们这支军队能不能始终坚持住党的绝对领导，能不能拉得上去、打胜仗，各级指挥员能不能带兵打仗、指挥打仗”。请党和人民放心！我们将全面贯彻习近平新时代中国特色社会主义思想和习近平强军思想，学习宣传贯彻习近平总书记七一重要讲话精神，进一步增强“四个意识”、坚定“四个自信”、做到“两个维护”，贯彻军委主席负责制，牢记“国之大者”，以高度政治自觉传扬百年光辉历史、弘扬伟大建党精神、激发磅礴奋进力量，努力把人民军队建设成为世界一流军队，以更强大的能力、更可靠的手段捍卫国家主权、安全、发展利益，在新的赶考路上创造新业绩、书写新篇章。

《求是》2021 年第 15 期

永续不变的红色传承

——第83集团军某旅“红一连”培育铁心向党的红色传人纪实（上）

张圣涛　梁蓬飞　钱晓虎　周　远

2021年7月1日，中国共产党百年华诞。

这天中午，一群年初入伍的新兵来到第83集团军某旅“红一连”参观见学。令他们惊讶的是，连队精心准备的午餐不见一个“硬菜”，只有两样：红米饭、南瓜汤。

这顿“饭”可不简单。1927年三湾改编，毛泽东在“红一连”亲自组织发展6名新党员，建立起人民军队第一个连队党支部，开创了“支部建在连上”的先河。1935年红军长征途中，毛泽东与“红一连”官兵围坐在一起，用缴获的红菜盘吃了一顿煮南瓜，勉励大家在党支部带领下将革命进行到底。

这顿“饭”滋味深长。从那以后，红菜盘成了“红一连”的传家宝，红米饭、南瓜汤成了“红一连”的传统饭。每逢新兵下连、重大节日，官兵们都会吃上一顿，品味信仰的味道、传统的甘甜。

这顿“饭”营养丰厚。岁月更迭，“红一连”历经多次调整转隶、移防搬迁，官兵换了一茬又一茬，荣誉得了一个又一个，但有一样始终没变，那就是扎扎实实吃“传统”这碗饭，传承红色基因，熔铸忠诚信仰。

这，正是“红一连”历经 94 年永葆先进、永葆本色的秘诀。

真正的“任命”，不仅是接受那一纸命令，更是接过连队的传统

俗话说，铁打的营盘流水的兵。凡是在“红一连”待过的干部战士，都有共同体会：“红一连”的门不好进、“红一连”的兵不好当。

这不，得知自己将被调整到“红一连”任指导员，郑纪文提前到连队熟悉情况。简单寒暄几句，时任指导员王玉光便将他带到了连史馆。

“在‘红一连’，干部任职只有先过‘传统关’‘理论关’‘军事关’，才能站稳脚跟。”参观完毕，王玉光递给他一份连史馆解说词，说道：“最难的是过‘传统关’，你好好准备，3 天后‘验收’。”

郑纪文毕业于国防科技大学，在旅机关任过职，在另一支红军连队当过主官，军政素质都很过硬。不到一天时间，他就把解说词背了下来，迫不及待申请“验收”。

再次来到连史馆，王玉光身边多了几名战士代表。解说连史开始了。正当郑纪文滔滔不绝、自我感觉良好时，王玉光突然指着一张照片问：“你知道这背后有什么故事吗？”一句话，问得郑纪文哑口无言。

第一次闯关失败，郑纪文闭门充电，又接连闯了 3 次。王玉光和战士代表以“解说背景知识不准确”“对英雄人物生平掌握不全”等理由，都给他判了不合格。

郑纪文以为大家故意刁难他，心里憋着一口气。接下来的日子，他没事就到连队转，这问问那看看。

他眼里的“红一连”，从门口的连旗、电子屏，到楼道两边摆放的

“红一连”官兵利用信息视窗讨论党史学习心得（姜东坡　摄）

荣誉展板、张贴的标语口号；从几米宽的一面墙，到巴掌大的标识牌，无一不是红色调。

郑纪文还发现，班排全部以战斗英雄和战功命名；每名战士床头，贴着自己最喜欢的强军格言；每晚总有官兵到学习室阅读充电。教育课上，战士们争先恐后回答问题，气氛非常热烈。问及原因，一名干部这样回答：“作为‘军魂发源地’的后来人，我们深知听党话、跟党走的重要性。不掌握科学理论，怎么听党话，何谈跟党走？”

理论上的认同是最根本的认同，思想上的追随是最内在的追随。郑纪文渐渐明白，一连官兵设置“传统关”，表面上是考连队历史，实则通过这种方式，让每一名新来者深化对连队传统的认同、对连队精神的理解。

不久后，组织正式下达了郑纪文的任职命令。当天晚上，再次来到连史馆，凝视数百面鲜红的锦旗，郑纪文感觉就像在仰望星空——

传统如此厚重！

那一夜，郑纪文清醒地认识到：别总想着怎么改变“红一连”，先让“红一连”好好改造自己。

此后，郑纪文一有时间就到连史馆，反复学传统、研历史。当郑纪文第 5 次站在“传统关”前，他经受住了大家的轮番提问。

邀请老兵回连队讲传统，带领官兵先后赴陕西汉中、江西永新等红色热土，实地探访英雄故居、革命旧址，收集一件件实物、一个个故事……原本打算到“红一连”创新出新、大展身手的郑纪文，一上任就把目光聚焦在继承和发扬传统上。

“红一连”为什么这么红？郑纪文说，红就红在对优良传统的永续传承上。

最有说服力的课堂，往往在历史深处

“红一连”官兵对连史馆的爱护，超出常人的想象。

且看这些规定：进入连史馆，必须着装整齐，不得穿拖鞋；连史馆内，不能大声喧哗，严禁抽烟、打电话；打扫连史馆，必须使用专门的清洁工具；擦拭文物必须轻拿轻放……

有些到“红一连”参观见学的人，对这些要求不太理解。连队官兵给出解释：连史馆是他们的精神殿堂，必须时刻怀有尊崇之心。

“红一连”的大部分传统，诞生于战火纷飞的革命战争年代。如今，有的年轻人对此并不十分了解，也难以感同身受。

大学生士兵刘亚飞曾经也不了解。新兵下连参观连史馆，战友们都在认真聆听讲解、感悟英雄事迹，他在评点历史照片拍得好不好；大家加班加点学习连史故事、汲取精神养分，他躲在角落看玄幻小说。

两个月后，刘亚飞被连队派去旅里参加通信专业集训。临行前，郑纪文特意叮嘱他：“进了‘红一连’的门，就是‘红一连’的人。‘红一连’有个传统，无论在哪儿、无论何时，横竖都是一、永远争第一。”

来到集训队，刘亚飞把指导员的话忘在了脑后，学习不认真，训练钻空子。

由于表现不佳，刘亚飞被退回连队。他本以为会挨一顿痛批。没想到，郑纪文只是朝连史馆指了指，对他说：“你自己努力吧。”

刘亚飞拿上纸笔，走进连史馆。这是“红一连”多年形成的传统。如果有人犯了错误，或者给连队抹了黑，都会到连史馆深刻反省。反省期间，连史馆门不上锁，也无人监管，教育训练不能落下，一切全凭自觉。

在连史馆里，刘亚飞一遍遍重温“支部建在连上”、警卫遵义会议、平型关大捷等光辉历程，以及“盘肠英雄”姜东海、“无产阶级硬骨头”谢朝发等革命前辈的英雄事迹。

看着看着，刘亚飞猛然意识到，革命前辈当年和自己一样年轻，但他们肩负起了寻找真理、反对压迫、救亡图存的历史重任，不惜流血牺牲、奉献一切。

入伍以来的一幕幕在脑海里回放，刘亚飞心里充满了内疚和羞愧。再次参加集训，他问指导员有什么要求，郑纪文还是那句话：“你自己努力吧。”

这回，刘亚飞捧回了集训比武第一名的奖杯。

进去是一块铁，出来是一块钢。“红一连”的连史馆有魔力，“红一连”的传统真神奇！

最有说服力的课堂，往往在历史深处。翻开“红一连”连史，记者看到这样一段故事——

1942年11月，“红一连”二排一夜奔袭80余公里，断敌退路，被新四军三师授予“飞毛腿排”称号。

然而，有一天，驻地某单位到连史馆参观，听完“飞毛腿排”的故事，有人提出质疑：“一夜跑 80 公里，根本不可能！”

“‘红一连’的字典里没有‘不可能’！”事后，二排向党支部提出申请，以后每年组织一次 80 公里武装奔袭，并将成绩对外公布。

这是一次正名之战。二排官兵特意在驻地附近选择了一条崎岖山路，模拟当年前辈们的行军路线，最后他们做到了。

如今，这项活动已经持续了 3 年，二排战士以自己身体力行的传承，续写了革命前辈的荣光！

历史的接力，要靠与时俱进，更靠锻造能打胜仗的兵

从“红一连”一楼连史馆，到三楼研战室，短短几十米的距离，记者每次往返总有一种穿越之感。

连史馆内，珍藏着这样两段历史：辽沈战役结束后，“红一连”南下作战途中，有些官兵水土不服，大家自己熬制中药，连队无一减员；解放海南岛战役中，“红一连”在木船上加装汽车发动机，配上武器，成功改装成土炮艇，创造了木船打军舰的海战奇迹。

研战室内，是另外一种陈设：正中央摆着一座手工沙盘，左侧墙上挂着革命战争时期“红一连”创造的 6 种经典战法，右边橱窗里摆放着近几年官兵探索总结的 13 种创新训法汇编，以及自行研制的相关训练器材。

“紧贴实战、勇于创新！”“红一连”在革命战争年代创造的这个传统，被一代代后来者用来破解练兵备战中的矛盾问题。

历史的天空，总有相似的星光交相辉映。战争年代，每次战斗打响前，“红一连”都会研究敌人的兵力和装备部署情况，并有针对性制

订作战方案，这才赢得“百战百胜”“英勇连”等荣誉称号；和平年代，“红一连”组建研战小组，每星期研究一个型号装备、每半月研究一次经典战例、每月研究一次训练革新、每季度研究一次战法打法。

党的十八大以来，“红一连”在团以上比武中夺得13个总评第一、370个单项第一，被表彰为首届全军践行强军目标标兵单位。

有参观见学者形象地说，“红一连”官兵思想的“雷达罩”始终向着世界新军事变革的潮头开启。

国外武装冲突中，一方使用无人机发射导弹，直接攻击另一方指挥官。看到相关新闻报道后，“红一连”连长胡贯蕾当晚就召集军事前沿技术小组，讨论研究这种新的作战样式。

“未来战场上，无人机在侦察和火力打击方面将扮演着越来越重要的角色，我们该如何应对？”大家不约而同把焦点放在了对无人机的反制上。

怀着强烈的忧患意识，胡贯蕾带领研战小组结合连队武器装备实际，查资料、想对策，争分夺秒搞创新。很快，他们总结出“无人机打击装甲目标反制16字诀”。

每次外出执行实兵演习等重大任务前，他们都会到连史馆进行动员，让官兵从光辉历史中汲取前行力量、坚定必胜信心。

“1948年10月，在辽西会战中，排长姜东海腹部负伤，肠子流了出来，他毅然塞了回去继续战斗……”2020年，参加某军事比赛出征前，郑纪文带领几名队员来到连史馆，重温“盘肠英雄”姜东海的事迹。

那次比赛期间，“红一连”下士崔文科驾车加速通过障碍，车辆腾空而起后重重落地。他狠狠地撞在方向盘上，一阵剧烈的疼痛从肋间袭来。崔文科咬紧牙关，靠顽强意志坚持完成比赛，勇夺冠军。下车后，战友们发现他疼得直不起腰。后经医院检查，他的肋骨已经骨裂，需立刻住院治疗。

历史的接力，要靠与时俱进，更靠锻造能打胜仗的兵。看着连史馆里照片上的姜东海、崔文科等一个个青春的脸庞，记者耳边响起了歌曲《少年》动人的旋律。时光流转，"红一连"官兵"还是从前那个少年，没有一丝丝改变，时间只不过是考验，种在心中信念丝毫未减……"

《解放军报》2021 年 7 月 27 日

永远坚固的红色堡垒

——第83集团军某旅“红一连”培育铁心向党的红色传人纪实（中）

梁蓬飞　钱晓虎　周　远　胡瑞智

“这里太危险，让我们来！”

连日暴雨，四川省南江县九青村汛情突发。村党支部书记杨意带领党员突击队跳入水中，加固堤坝。

“关键时刻党员带头，这是我当兵时学到的。”2017年，杨意从第83集团军某旅“红一连”退伍返乡创业。生意最红火的时候，他积极响应打赢脱贫攻坚战的号召，毅然到偏远的九青村任党支部书记。杨意借鉴“红一连”党支部建设经验，以建强基层组织为抓手，不到两年时间将九青村带入全国文明村镇行列。

一个退伍兵改变了一个村！前来“红一连”参观的人听说杨意的故事，都很好奇：“红一连”党支部到底强在哪？

原则面前无例外——不行“变通事”，不做“老好人”

2019年9月，“红一连”组织连庆活动。听到这个消息，该连退伍战士董一雷主动要求参加，并自告奋勇担任老兵召集人。他的举动，让连队干部颇感意外。

董一雷服役期间，考入某士官学校。按照相关规定，他毕业后可以优先晋升高一级军衔。由于自身军事素质过硬，当时还是下士的董一雷认为晋升中士是板上钉钉的事。回到连队后，他一度放松自我要求，甚至影响了内部团结。

到底让不让董一雷晋衔？支委会上，大家一致投了反对票。得知结果，董一雷找连队干部讨说法："和我同期毕业的战友都留队晋衔了，凭啥就我不行？"

支部成员轮流找他谈心，让董一雷逐渐认识到：在"红一连"，没有可以变通的事，也没有"网开一面"的人。

没能如愿以偿，离队后他反而对连队感情更深。连庆活动时，董一雷帮着忙前忙后。在新老兵座谈环节，董一雷动情地说："虽然当年没能留队，但连队党支部教会我很多，什么该做、什么不该做，一清

"红一连"第三十九任连长、一等战功英雄许新卿在连史馆与战士交谈（张永进　摄）

二楚，原则就是红线。”

支部建在连上，更要强在连上，坚持组织原则是关键。不仅是调级晋衔，“红一连”党支部在处理评功评奖、考学提干、选送学兵、发展党员等基层敏感事务上，始终把组织原则挺在前面，坚决不做“老好人”。

2017年年底，上级分配给“红一连”5个入党名额。经群众测评、民主推荐，5人名单提交到支委会上。

“发展党员必须坚持标准，宁缺毋滥，要成熟一个发展一个。”“红一连”党支部反复研究，认为其中1人尚不具备入党条件，最终只推荐上报了4名党员发展对象。

严把党员入口关，确保党员个个是“刀尖子”，支部才能成为“铁拳头”。在“红一连”，官兵入党前，不少人写过两份以上入党申请书，能一次性通过入党考察的党员很少。

“红一连”还有一项沿用数十年的制度——月评6名优秀共产党员。连队现有34名党员，按这个评选频率和名额，有人认为评上应该不难。但只要看看他们首次评上当月优秀共产党员所用的时间，就知道并不容易：指导员郑纪文，任职4个月后；排长汤明达，下连6个月后；大学生士兵党员潘韶钰，入伍15个月后。

不搞轮流坐庄、平衡照顾，全凭平时表现和工作实绩。在原则面前，“红一连”官兵心里有杆秤、眼睛是雪亮的，谁也不能例外。

党员必须扛重担——
模范带头，成为竞相争取的“特权”

“党员楼下集合！”这是“红一连”最常听到的口令。每一次有任务，党员都率先站出来。

“红一连”规定，党员要做到“五个带头”：学习上带头，思想改造走在前；训练上带头，险难课目练在前；工作上带头，苦活累活干在前；生活上带头，遵规守纪严在前；打仗上带头，生死关头冲在前。不仅如此，官兵一旦入党，就自动多了 3 种身份：党员突击队队员、党员示范班成员、党员攻关组组员。

党员要多付出、吃苦又受累，为啥还一个个争先恐后？四级军士长李军告诉记者，在“红一连”，这是党员才享有的“特权”。

那年连降暴雨，驻地县城告急。“红一连”奉命迅速前往执行抗洪抢险任务。

“所有党员带上工具，随我前往目标地域。”时任连长楚科纬第一时间集合全连官兵，成立党员突击队，部署任务。当时还是列兵的李军很想参加，他悄悄跟在党员队伍后面。眼看就要登车，他被细心的楚科纬一把拉住：“你不是党员，不用去！”李军抓着车后挡板硬是不松手。无奈时间紧急，楚科纬只好破例让他上了车。

在抗洪一线，李军看得真切：最危险的地方，党员站排头；最苦最累的活，党员抢着干。

耳濡目染的李军，对这群浑身是泥的战友有了新认识。他暗下决心，也要做党员、享“特权”。

1928 年 2 月，“红一连”组建全军第一个连队党支部数月后，受命担负宁冈新城主攻任务。临战动员大会上，时任党代表郑毓秀问大家：“谁愿意担任突击队员？”全连党员纷纷请战。

支部是战斗堡垒，党员是先锋模范，跨越这么久远的时空，“红一连”官兵本色依然。

同样是基层连队，同样是共产党员，为啥“红一连”能把党员作用发挥得这么好？

一位上级领导曾带着这个问题，专门到“红一连”蹲点调研。他发现一个规律，连队无论干什么，主要依靠各级组织去推动。

战士们说，在“红一连”，谁是党员很容易就看得出来，因为他们的思想觉悟、作风形象和能力素质，都明摆着。

此言非虚。如今，全连党员人人是先进，12 人立过功，31 人受团以上表彰；支部成员个个考取等级证书、精通连属武器、掌握指挥技能。2020 年参加旅群众性练兵比武活动，“红一连”取得 9 个单项第一，其中党员占 8 个。

问题露头就打——
擦亮批评和自我批评的思想武器

一天深夜，连长胡贯蕾向记者感叹：“一连的干部不好当啊！”

话说 2021 年开训动员，胡贯蕾在全连承诺：下半年连队将派人参加国际军事比赛，谁能夺金牌，就给谁立功入党。

队伍一解散，士官支委柯昌水就找到他：“立功入党要通过支委会研究决定，不是你一个人说了算，也不能仅凭夺金牌这一个方面！”胡贯蕾虚心接受批评，当天晚点名就作了检讨。

在“红一连”当干部难，一个重要原因是官兵眼里不揉沙子、批评不留情面。从连长、指导员，到其他连队干部，不管是谁，只要哪里做得不好，就会有人指出来。

晚点名超时，事后就有战士拿着《内务条令》，提醒下次“不得超过 15 分钟”；炊事班未按增加的人数多做饭菜，吃不饱的战士端着餐盘，直接给连队干部提意见……听胡贯蕾讲述，记者感到“红一连”战士确实挺“大胆”。

这种勇气由来已久。当年，作为参与秋收起义的一支力量，“红一连”参加古田会议，亲眼见证“团结—批评—团结”的巨大威力，一代代官兵长期不懈坚持开展批评和自我批评，逐渐形成“党员问题群众敢讲、支委问题党员敢点、书记问题支委敢批”的传统。

说起来容易，做起来难。有人未免顾虑：“批评上级，会不会被‘穿小鞋’？”“批评自己，会不会有损个人威信？”“相互批评，会不会影响内部团结？”

“红一连”官兵这样回答：要真心以连为家、真正为单位着想，确保组织坚强有力，就必须用够用好批评和自我批评这个武器，使之成为一种习惯、一种自觉、一种责任。

为此，连队党支部积极搭建运用组织生活会、双向讲评会、官兵恳谈会3个平台，把批评与自我批评经常化、制度化、群众化，做到批评无禁区、监督无死角。

那年除夕清扫卫生时，不知谁不小心，把连部一块玻璃弄碎了。时任指导员王玉光马上集合队伍，要找出“肇事者”。事后，四班班长李晓亮找到王玉光说：“这是‘一人得病、全家吃药’，这种带兵方法太简单粗暴……”没等李晓亮说完，王玉光马上意识到问题的严重性。随后，他向全连官兵坦诚道歉，那名打碎玻璃的战士也主动承认了错误。

在“红一连”，发现问题藏着掖着，会被大家看不起；谁不敢较真碰硬，大家就和谁过不去。

2016年年初，“红一连”召开党员大会，查纠连队全面建设存在的问题。轮到班长丁志宏发言时，他憋了半天，来了句“没意见”。

指导员当场批评他：如果真没意见，说明没有尽到党员的责任；如果有意见却不说，就是对单位建设不负责任。

有一次，军委机关一个工作组到“红一连”调研，发现思想交锋越多，连队干部威望越高；批评辣味越浓，全连官兵越团结；官兵在批评中进步，连队在批评中发展。调研结束，这个工作组特意把连队的一次组织生活会记录复印带走了。

类似故事，在“红一连”不胜枚举。看似思路不算新、措施也不算多，但做到极致就是管用。这些年来，“红一连”被中央军委授予“党支部建设模范连”荣誉称号，党支部先后8次被表彰为全国全军“先进基层党组织”。

《解放军报》2021年7月28日

永葆青春的红色魅力

——第 83 集团军某旅“红一连”培育铁心向党的红色传人纪实（下）

梁蓬飞　钱晓虎　韩　成　陶　然

“红一连”既平凡又神奇——

到过“红一连”的人，都有一段相似的“心路历程”：开始是慕名而来，听了经验介绍又觉得他们很普通，但真正读懂以后，便会由衷敬佩。

初到“红一连”，看不出有什么特别。这里的兵并非精挑细选，连队氛围也没有标新立异之处……那股朴实无华的气息，是从骨子里散发出来的。

融入“红一连”，官兵会被一股蓬勃力量震撼。赓续传统，他们有一种执着；面对困难，他们始终处于昂扬奋进的状态。由此形成的强大精神内核，让人感觉能产生无坚不摧、无往不胜的战斗力。

也许，这就是“红一连”的红色魅力。这种魅力不仅感召了连队一代代官兵，也感染着到过连队的每一个人。

“红一连”的战士像一团跳动的火焰

“铁心跟党，打仗冲锋，争扛红旗，生死与共。”

旭日初升，第83集团军某旅营院内，官兵整齐列队。众多连队中，“红一连”显得格外特别：官兵昂首挺胸，齐声高喊，呼号迸发吼出。

“他们像一团跳动的火焰。”在兄弟单位战友印象中，“红一连”官兵始终是一副精神抖擞的模样。

在该旅，“红一连”执行大项任务多、转换节奏快，工作最苦、最累。可“红一连”官兵“累并快乐着”，始终朝气蓬勃。

点燃这团火焰的火种是什么？

这颗火种，是以连为家的强大向心力。

面对繁重任务，“红一连”官兵加班加点是常态，每个人都像上紧的发条。2021年4月，陆军在“红一连”组织开展“大党日”活动，二排长汤明达带领几名战士负责党史电子橱窗布设。他们连续奋战，高质量完成任务，受到上级肯定。汤明达说：“要做就做到最好，否则在‘红一连’很难找到存在感。”

这颗火种，是同甘共苦的战友情谊。

如今，“网生代”成为连队主体。每逢节假日，连队便组织官兵到网络学习室，以排为单位展开网络射击游戏对战。比赛时，有现场解说，有战友助阵，干部战士组团PK，每一场都热血沸腾。

“诞生于烽火岁月，历经数十年风雨淬炼，官兵团结互助、生死与共的优良传统代代相传，是‘红一连’永葆活力的源泉。”退伍老兵鹿志方永远忘不了发生在2008年的那一幕——

汶川大地震抗震救灾，经过一段山谷时，“红一连”时任连长朱卫华将队伍排成一字纵队，党员干部前面带头、队尾压阵。当时还是义务兵的鹿志方被夹在中间，后面是班长王跃华。突然，余震袭来，王跃华将鹿志方一把拽到怀里，一块滚石擦着鹿志方的身体落下。班长这一拉，让他躲过一劫。

“红一连”就像一座红色熔炉，越烧越旺。无论是谁，到了“红一

"红一连"官兵在连队门前悬挂"星火燎原"荣誉牌匾（张永进 摄）

连"，都会被点燃、炼成钢。

00后上等兵靳志鹏入伍前是个"网瘾少年"，初到"红一连"时，仍留恋以往的生活。一天自习时间，他连续几次离开学习室回宿舍，结果每次宿舍里都空无一人，大家都在忙着学习充电。

同班战友热爱学习、追求上进的氛围，深深感染了靳志鹏。他毛遂自荐，加入连队多媒体兴趣小组。"在'红一连'，每个人都有一天不学就跟不上的恐慌感、三天不训怕落伍的紧迫感，身处其中，你想不学习都难。"如今已是骨干的靳志鹏对记者说。

9月29日，是"红一连"的连庆日。每到这一天，很多退役老兵会不远千里赶回连队。面向连旗，大家都会像当年一样，大声呼喊那句口号："一天一连兵，一世一连人！"

“红一连”的战士身上看不到“虚光”

那次歌咏比赛，“红一连”取胜的方式很特别——

备赛阶段，各连摩拳擦掌，纷纷租借演出服装、研究舞台特效，誓夺第一。“红一连”却不走寻常路。

为演好抗洪战士，官兵穿着救生衣，跳进满是泥浆的大水桶；为扮得像抗疫战士，官兵顶着酷暑，戴上防护面罩、穿着防护服。那天，“红一连”一出场，瞬间就把评委和观众震住了。

歌咏比赛组织者、该旅宣传科干事王晗不由感叹，虽然拥有熠熠生辉的“金字招牌”，但在“红一连”的战士身上看不到“虚光”。

建连94年来，历任“红一连”主官都有一个共同特点：没人靠“烧三把火”来树立威信，也没人另起炉灶搞“政绩工程”，大家开展工作的“通用准则”是继承传统和按纲抓建。

他们的理由是，对于一个基层连队而言，无论军事训练、政治教育、部队管理还是自主建设，均有章可循、有法可依，基层党支部最应该做的就是确保政令军令直抵基层、直达官兵，落地生根。

2020年7月，“红一连”移防到新营区，住房紧张、设施陈旧。连队一落脚，顾不上改善生活条件，就迅速了解驻地社情民情，勘察疏散隐蔽地域，修订完善战备方案，做好应急应战准备。

有兄弟连队官兵见状，好奇地问：旅里没有要求做这些，你们在搞哪一出？

“这还用专门要求吗？战备方案里早就写得明明白白，我们只是按规定落实罢了。”连长胡贯蕾回答。

不仅如此，记者了解到，“红一连”官兵的水壶每天都会灌装新的饮用水，就连人手一张的“战备行动卡”，也会根据休假、送学等人员变动，实时作出调整。

除了日常训练，在遵规守纪方面，他们也丝毫不打折扣。

2020 年，集团军组织所属单位指导员到“红一连”住班培训。一名指导员被子叠得不标准，负责检查内务的班长每次看到，都会帮他重新叠好。

“远来都是客，何必太较真？”次数多了，这名指导员觉得很没面子。可这名班长说话很实在：“一个带兵人如果连内务都不达标，又怎能带出达标的连队？”这名指导员深受触动，从那之后每天认真整理内务。

“红一连”的战士都是红彤彤的兵

00 后士兵个性鲜明、兴趣爱好广泛。可一些人觉得理论学习枯燥，捧起书本就犯困。

“红一连”也有这样的兵。从武校毕业的战士赵耀，下连之初，宁跑 5 公里，不愿去读书。连队每次组织讨论交流，他都躲在后面。一次，指导员让赵耀谈谈学习体会。他憋红了脸，半天说不出一句话。

事后，没等指导员说话，班长就不干了：“‘过得硬的连队，过得硬的兵，过得硬的思想红彤彤……’这歌你天天唱，咋就不走心呢？”说完，他将一本理论书籍塞到赵耀手里。

赵耀渐渐发现，在“红一连”，官兵们学习理论不是为了完成任务，而是工作必需。“蓬生麻中，不扶而直。”半年后，赵耀被连队评为“理论学习标兵”。

2017 年，因改革调整，某炮兵团班长缪辉被分流到“红一连”，成为一名普通战士。岗位更换、专业变动，缪辉认为自己是“外来户”，内心很失落，打算干两年就退伍。

缪辉的思想波动，被连队党支部成员看在眼里。他们专门为缪辉制订帮带计划，第一步就是学连史、忆传统。

“连队历经数十次调整改编，每次官兵都能快速适应，为什么我就不能？”参观完连史馆，缪辉坚定了在“红一连”扎根的决心。如今，这个曾经的“外来户”，不但成为训练标兵，还当上班长。

“我来自‘红一连’，我们连是军魂发源的地方，毛泽东同志亲自在连队发展了6名党员，建立了我军第一个连队党支部……”

到新单位作自我介绍，张宪民引来台下战友羡慕的眼光，但没人察觉这名列兵内心的纠结：下连之初，因适应不了“红一连”的严格管理、高标准要求，趁着其他单位选人的机会，他离开了连队。

那一刻，张宪民脸上火辣辣的。随后，他从网上收集资料，开始深入了解“红一连”，最后竟动了重返“红一连”的念头。

一年后，借着一次人员分流的机会，张宪民回到“红一连”。这次，张宪民像变了一个人，脏活累活抢着干，还向党支部递交了入党申请书。

红彤彤的连队，红彤彤的兵。“红一连”的“红”，跟随一茬茬优秀退伍兵，在社会延展开来。

“优秀士兵”石骏杰，退伍后积极响应国家号召，到山东省费县薛庄镇三星村任驻村第一书记，带领村民脱贫致富，把老区贫困村建成山东省第一批美丽村居建设省级试点村庄；“训练标兵”靳燕青，退伍后加入蓝天救援队，参与各种救援200多次，影响带动更多的人投入公益事业……

“红一连”的官兵，无论在哪儿、无论走到哪里，都自觉以青春之我、奋斗之我，书写壮美的人生答卷。

《解放军报》2021年7月30日

军魂发源的地方，党旗高高飘扬

张滋堃　胡瑞智　陶　然

这是一支历史悠久的红色连队；这是一个战功卓著的英雄集体。

从三湾改编走来，这个连队历经300余场战役战斗，被誉为“军魂发源的地方”。

春秋更替，斗转星移。94年来，“红一连”始终传承红色基因，永葆“军魂发源”的忠诚本色，谱写了一曲英雄赞歌。

播撒信仰的种子——
不仅要做党的坚定信仰者，更要做党的忠诚传播者

2019年6月，“红一连”党支部书记郑纪文走马上任。当他第一次走进连史馆，“支部建在连上”那段历史便冲进脑海，挂上心头——

1927年9月，罗霄山脉雾气沉沉。遭遇攻打平江、浏阳、醴陵的失利和几天惨烈战斗，毛泽东率领的秋收起义部队锐减至1500余人。其中既有战斗减员，也有官兵逃亡，悲观情绪就像山间的浓雾，笼罩着整个队伍。

怎样才能凝聚起这支部队？这个问题在毛泽东同志的心头挥之不

去。这时，整个队伍中唯一一个没有逃兵的连队，吸引了他的目光。

昏暗的煤油灯下，毛泽东与这个连队的党代表何挺颖彻夜长谈，思想的火花喷涌而出：连一级如果没有党的组织，党的影响力就不能渗透到队伍中去。党支部不能只建在团一级，而是要建到连队去。

10月的一个夜晚，叶家祠的小小阁楼上，毛泽东同志在“红一连”亲自发展了6名新党员，建立了人民军队第一个连队党支部。从此，党来到了夜晚营地的篝火边，来到了每个战士的身旁，党的血液迅速流贯部队的全身。

万山丛中，竹涛阵阵，旌旗猎猎。1928年11月，毛泽东同志在给中央的报告中写道：“红军所以艰难奋战而不溃散，‘支部建在连上’是一个重要原因。”

站在连史馆“军魂从这里发源”主题雕塑前，郑纪文没有了新官上任的豪情万丈，有的只是清醒和压力：连队党支部是党与官兵最近的地方，官兵能不能坚定听党话、跟党走的决心信心，关键看党支部能不能把党的声音传到官兵心灵深处。

“欲事立，须是心立。”第一次支委会，郑纪文就把“如何深入传播党的声音”作为支委讨论的第一个议题，作为党支部教育引导官兵的首要任务。郑纪文常对大家讲，“党的创新理论就是党的话，只有把党的理论学深悟透用活了，才是真正听党的话。”

入伍前，士兵徐谦对学习理论不感兴趣。刚到“红一连”时，每到理论学习时间，他总是无精打采，老想溜号。郑纪文主动与他结成对子，一起学习党的创新理论，一起参加体会交流活动，一起准备强军故事会……

信仰的种子一经播下，就会在理论滋养下枝繁叶茂。2020年年初，一场突如其来的新冠肺炎疫情牵动官兵的心。徐谦家住湖北荆门，他的姐姐是一名护士。徐谦多次给家里打电话，鼓励姐姐“现在青春是用来奋斗的，将来青春是用来回忆的”。最终，姐姐取得父母支持，“逆行”前往武汉成为抗疫志愿者，被表彰为“抗击疫情最美护士”。

“行动上的坚定追随，源自理论上的清醒认识。”在郑纪文看来，“‘红一连’官兵不仅要做党的坚定信仰者，更要做党的忠诚传播者。”

烧旺组织的炉火——
党的力量来自组织，组织力量来自党支部

穿着笔挺的绿军装，四级军士长、士官支委柯昌水显得十分干练。会议室里，柯昌水和副书记胡贯蕾相对而坐，在笔记本上记下存在问题、意见建议。

“副书记同志，鼓舞士气是好事！但入党这个事，不是你说了就能算，也不能凭比武夺金牌这一锤子买卖……”柯昌水开门见山。

连队支委为战士讲解支部“党员问题群众敢讲、支委问题党员敢点、书记问题支委敢批”的“三敢”精神（姜东坡　摄）

原来，那天下午，连长胡贯蕾为了激发官兵参赛热情，当众许下诺言：参加比武竞赛，谁能夺金牌，就给谁立功、入党。于是，队伍刚解散，柯昌水就“约谈”了胡贯蕾。

党的力量来自组织，组织的力量来自党支部。作为连队最老的支委，柯昌水深知党支部教育党员、管理党员、监督党员的重要意义。他说，“在‘红一连’，党管党员无盲区，开展批评无禁区，党员问题群众敢讲、支委问题党员敢点、书记问题支委敢批，问题什么时候露头，批评就什么时候展开。”

从日落西山到月上树梢，这场谈话进行了4个小时。柯昌水从训练组织谈到日常管理，从官兵思想谈到风气建设，提出意见建议17条。

大学生士兵党员潘绍钰刚来连队那会儿，文章写得好，但军事素质不过硬。一次连里组织5公里越野跑，潘绍钰落在了队伍后面。事后，柯昌水对潘绍钰进行了严肃批评，并决定由支委王檩瑄帮助他补齐短板。

后来，每次训练王檩瑄总是把潘绍钰带在身边。高强度训练，确实让潘绍钰有点吃不消，难免想偷懒。每当这时，王檩瑄就会说：“不是我帮你，我是代表党支部帮你。”3个月后，潘绍钰以过硬的成绩通过考核，不久后便获评“优秀共产党员”。

“批评教育严肃认真，解难帮扶尽心尽力。”在王檩瑄看来，这一红军时期形成的光荣传统，在“红一连”没有因时光流转而褪色，在新时代还赋予老传统更深的内涵。

一位到“红一连”调研的领导曾说：“我特别赞赏你们这种敢于揭示连队问题、暴露自己思想、实实在在开展批评与自我批评的做法……连队党支部不愧为毛主席亲自建立的党支部！”

聚焦打赢的主业——
研战室内观世界，一班人敢闯敢试敢争先

2020年1月3日深夜，华山脚下，电闪雷鸣。“红一连”三楼走廊尽头的研战室里，人声鼎沸，交锋不断。

沙盘前，党支部一班人正讨论凌晨发生在伊拉克首都巴格达郊外的一次冲突：美军使用“死神”无人机发射3枚导弹，攻击伊朗指挥官卡西姆·苏莱曼尼乘坐的车辆，致使苏莱曼尼当场死亡。

此时，连长胡贯蕾两眼紧盯桌上的无人机模型，眉头紧皱。他的脑海里不停地翻涌着不久前旅里组织的一场红蓝对抗。

那次演练，为隐蔽行军企图，胡贯蕾按照以往的惯例，命令全连昼伏夜出、穿越密林。然而，蓝军早已通过无人机侦察，清楚掌握部队的举动。原本计划中的突袭，竟变成了蓝军的伏击。

吃了败仗，胡贯蕾一头扎进连史馆。诞生于革命战争年代的“红一连”曾先后参加300余次战役战斗，在战场上打出了“百战百胜”赫赫威名。1950年3月，解放海南岛战役中，“红一连”在木船上加装汽车引擎，配上武器，成功改装成土炮艇，创造了木船打军舰的海战奇迹。

打赢，是党和人民赋予的使命和任务，更是“红一连”时刻牢记的目标。如今，科学技术日新月异，世界新军事变革风起云涌。“未来，我们到底还能不能继续‘百战百胜’？”这个胜战之问不停在胡贯蕾心间敲击。

闪电总在雷鸣前，思想也要始终走在行动前面。胡贯蕾认为，身处变革时代，如果仍受传统思维模式局限，就打不赢高科技信息化战争。带兵人必须胸怀世界军事变革大势，带领官兵研战谋战，敢闯敢

拼大胆试，才能找到赢得未来战争的办法。

此后，党支部一班人研究制定研战制度，每周研究一个型号装备、每半月研究一次经典战例、每月研究一次训练革新、每季度研究一次战法打法。

同时，连队组建13个研战小组，围绕智能化战争、无人化作战等战法打法研究攻关，常态开展“军情动态、连排战术、战斗文化、火力运用、前沿技术”研析交流。

“战斗堡垒”无坚不摧，打赢路上奋勇争先。近年来，“红一连”先后探索高寒山地通道作战班排编组、多能射击“六步法”等多种战法训法，革新激光模拟校射系统、振动头盔等训练辅助器材，被陆军、战区陆军表彰为“军事训练先进单位”，党支部被表彰为“先进基层党组织”。

《解放军报》2021年4月13日

英雄旗帜的重量

陶　然　朱晓楠

灯光，将班长胡长春的侧脸映得通红。第83集团军某旅“红一连”连史馆里，上百面荣誉旗在灯光映衬下熠熠生辉。在“军魂从这里发源”主题浮雕前，胡长春面色凝重。

2020年盛夏，该旅组织群众性练兵比武，胡长春带领参赛班组出征。连史馆前，官兵们对着连旗庄严宣誓。仪式结束后，胡长春默默把那面“百战百胜”战旗小心翼翼叠好，悄悄放进了自己的战术背包里。

这面战旗，是2019年胡长春从国庆70周年阅兵场带回来的。

比武那天，炽热的太阳炙烤着大地。完成第一个枪械组合课目后，胡长春随即向400米外的第二个比赛场地快速奔袭。山陡路险，胡长春体力严重透支，浑身大汗淋漓，身体左右晃动，感觉随时都可能晕倒。一想起背包里那面与自己一起走过天安门广场的战旗，他丝毫不敢放慢脚步。最后，胡长春第一个冲过终点线。

这面战旗，是先辈们用热血铸就的。1941年10月程道口战役中，面对敌人密集的火力网，一连主动请缨率先突入。担任突击队的一排，副班长以上骨干大部分永远留在了那片土地上，官兵们的鲜血染红了

胡长春讲述代表“红一连”参加庆祝中华人民共和国成立 70 周年阅兵的荣光（张永进　摄）

战旗。“作为红军传人，我必须以实际行动为战旗增光添彩。”不仅是胡长春，对“红一连”所有官兵而言，传承英雄旗帜的精神，是他们奋斗的方向、前进的动力。

“英雄的旗帜，到底有多重？”这个问题，胡长春思考了很久。2 年前，连队在连史馆为赴北京参加阅兵的胡长春举行战旗交接仪式。

从指导员手中接过“百战百胜”战旗那一刻，胡长春的手忍不住有些颤抖。临行前，指导员问他：“你知道手中旗帜的重量吗？”

作为一名服役 7 年的老兵，胡长春没有回答，却把这个问题记在了心里。

在阅兵训练基地，战旗方队的擎旗手训练实行全程淘汰制，训练不合格，意味着队员和手中的战旗都上不了阅兵场。方队里每名队员，身后都代表一支战功赫赫的部队。自己单位的旗帜无法亮相天安门广场，谁都无法接受。尽管训练异常艰苦，胡长春从未抱怨，更没想过放弃。和鲜血浸染的战旗相比，汗水显得那么微不足道。

阅兵正式开始那天，胡长春手持战旗，笔直地站在战车上，“百战百胜”旗帜光荣地接受了党和人民的检阅。“这一次，我真正把自己融入了战旗！”胡长春说。

在“红一连”，融入战旗背后的荣光，意味着非同寻常的努力和付出。连史馆内的荣誉旗帜和牌匾，昭示着这支连队辉煌的历史——

抗日烽火中，连队被授予“百战百胜”称号；辽西会战中，连队与敌激战，切断敌人退路，对聚歼该敌起到关键性作用，被授予“英勇连”称号……

“连史馆的荣誉旗，是一代代一连人用生命和鲜血扛到连队来的！”每一茬士兵自踏入连队那一刻起，身上就与“第一”“标杆”等词汇绑定在一起。每逢比武考核，连队的目标里甚至没有“第一”之外的词汇。有时候，胡长春脑中会闪过这样的念头：第一，就像个磁石，一旦接触，就永远被它吸引。

时至今日，对于指导员提出的问题，胡长春早已找到答案：战旗本身虽然很轻，但它承载的荣誉却重如泰山。英雄旗帜的重量，是300余场战役战斗胜利背后“时刻准备上战场”的制胜基因；是连队革命先烈英勇顽强、不怕牺牲精神的传承和发扬。

英雄的旗帜，不仅照亮了连史馆，也照亮了一代代士兵前行的路。

《解放军报》2021年4月13日

铁心向党战旗红

章 文 王 勋

陆军第 83 集团军某旅“红一连”，是一支从秋收起义战火硝烟中走来的连队。1927 年三湾改编时，毛泽东主席亲自在这支连队组织发展了 6 名新党员，建立了人民军队第一个连队党支部，开创了“支部建在连上”的先河，党对军队绝对领导的根本原则和制度由此奠基。

94 年风雨兼程，94 年铁心向党。进入新时代，“红一连”坚持用习近平强军思想建连育人，传承红色基因、践行初心使命，圆满完成国际维和、沙场阅兵等重大任务，荣立一等功 1 次、二等功 5 次，被表彰为全军首届“践行强军目标标兵单位”。

传承红色基因，建强战斗堡垒

“红军所以艰难奋战而不溃散，‘支部建在连上’是一个重要原因。”走进“红一连”连史馆，毛主席的重要论断——“支部建在连上”，在主题雕塑上熠熠生辉。

作为人民军队第一个连队党支部，“红一连”党支部对支委要求以“严”著称：基础课目，全部优秀才算过关；险难课目，训到极限才算过关；指挥技能，实战管用才算过关；比武竞赛，拿到名次才算过关。

2020 年 10 月，王檩瑄以旅新排长集训队第一名的成绩来到“红一连”。成为荣誉连队的一员，王檩瑄摩拳擦掌，想要大展身手。然而，刚下连不久，他就遭遇了“滑铁卢”。

“红一连”党支部副书记、连长胡贯蕾告诉王檩瑄，来到“红一连”先要“过三关”：传统关、理论关、军事关，才有资格成为连队支委。由于抽考的 11 项课目中有 5 项没有达到优秀，王檩瑄没能“过三关”。2 个多月后，王檩瑄主动要求再闯“三关”，凭借前期打下的坚实基础，他的军事训练课目取得全优成绩，终于成功闯关。

如今，“红一连”现任支委“艺不精不带兵，练不强不上岗”，人人考取等级证书、精通连属武器、掌握指挥技能。2020 年参加旅群众性练兵比武，连队取得的 9 个单项第一中，党员占了 8 个，支委占了 5 个。

在“红一连”，入党的标准很高，官兵入党时都会遇到重重考验。2017 年年底，连队按照发展党员程序，组织候选人员进行理论考试、军事考核和民主评议。拟发展对象下士李阳虽然模范带头作用强、官兵口碑很好，但在军事考核中未能全部通过，入党心愿未能实现。

保持“官兵一致、同甘共苦”作风

“红一连”连史馆珍藏着一件“传家宝”，是长征途中毛主席同连队官兵一起就餐用过的红菜盘。“红一连”指导员郑纪文告诉记者，如今“红一连”的红菜盘换成了分餐盘，五菜一汤取代了红米饭南瓜汤，但“官兵一致、同甘共苦”的作风始终不变。

2008 年 5 月，“红一连”奔赴汶川参加抗震救灾。一天，“红一连”刚走出隧道，突然余震来袭，地面开始晃动起来。低头赶路的战士鹿志方被班长王跃华一把拽到怀里，就在此刻，一块滚石砸了下来，鹿志方躲过一劫。王跃华告诉鹿志方：“什么是革命情谊？就是关键时候敢替你遮风挡雨。”

4年后，鹿志方成为班长，老班长王跃华的话一直刻在他心里。他发现新兵王雷军事训练敢打敢拼，成绩名列前茅，但性格内向不愿参与集体活动。于是，他主动找王雷谈心，鼓励他登台演讲、与战友多交流。当兵3年，王雷训练成绩优异、工作积极认真，荣立两次三等功，顺利提干。鹿志方告诉王雷：“什么是革命情谊？就是始终帮助你成长进步。”

如今，王雷已成为连队的副连长，他对革命情谊也有了自己的理解：“革命情谊就是始终帮助、尊重战士，包容战士，用信任、欣赏、发展的眼光看待战士，帮助他们建功军营。”近年来，连队官兵在各项任务中并肩奋斗，在生活中惺惺相惜，形成钢铁一般坚不可摧的战斗集体。

“红一连”官兵参加了首批赴南苏丹维和。在社会局势动荡、武装冲突不断的南苏丹，他们齐心协力，奋战300多个日夜，在血与火的战场考验中，交出了优异答卷，5人荣立三等功，5人被评为“维和之星”，53人全部被授予联合国“和平荣誉勋章”。

加钢淬火，制胜未来战场

2021年3月初，“红一连”党史学习教育如火如荼地展开，指导员郑纪文带领官兵在重读红色连史中进一步感悟初心使命。“‘红一连’什么东西最宝贵、最需要坚守？那就是我们的红色传统。”郑纪文告诉记者。

打开官兵的水壶，水是每天更换的纯净水；打开干部的挎包，里面放着最新的作战地图、标图工具；走进研战室，里面有最新的军事前沿理论……走进“红一连”，记者强烈感受到这是一个随时准备奔赴

“红一连”官兵参观党史学习教育展板（姜东坡 摄）

战场、执行任务的连队。

“红一连”每月都要组织一次不少于25公里的战备拉练。2020年冬，连队计划组织战备拉练，当日预报次日有大雪，可能会影响拉练效果。“战争不会选天气，敌人不会挑时间。”次日清晨，连长胡贯蕾接受战斗命令后紧急展开战斗部署，按实战要求组织了14个小时的强化训练，不仅锤炼了官兵在严寒条件下的打赢本领，还从中发现短板弱项，形成了一套更加完善、更贴近实战的战斗预案。

“宁可备而不战、不可无备而战”，是“红一连”的准则。1950年3月，解放海南岛战役中，“红一连”官兵给木船装上汽车引擎、配上武器，创造了木船打军舰的海战奇迹。几十年过去了，一代代官兵发挥聪明才智，在解决战备训练的矛盾困难中，加钢淬火，锋刃如新，制胜未来战场——

第四十八任连长楚科纬与大学生士兵路继承，共同研发出一款装步连山地进攻战斗模拟对抗系统。

第五十任连长周光魁带领大学生士兵王晨，探索连队战备库室管理系统，既能防止战备器材丢失，又能提升日常战备水平。

第五十一任指导员王玉光与班长王雷，研制出振动头盔，解决战斗班在夜间行动使用灯光、声音易被对手发现的难题。

2020 年 7 月，连队远赴塞北大漠参加军事比武，战酷暑、斗风沙，在极端恶劣天气和复杂多变地形中，官兵一路过关斩将，取得多个课目冠军。

短评

新时代强军兴军的时代标杆

在人民军队身上，什么东西最宝贵、最需要坚守？又是什么，让一支连队历经 94 年风雨始终坚强过硬？ 94 年来，“红一连”一代代官兵用实际行动作出铿锵回答：是红色基因、红色传统。

能不能把红色基因传承好，把红色传统发扬好，事关人民军队性质、宗旨和本色。1927 年 9 月，三湾改编开创了我军“支部建在连上”的光辉历史，也熔铸了“红一连”听党指挥的不朽军魂。94 年来，一茬茬“红一连”官兵坚守初心使命、传承红色基因，把历史的荣誉延续至今。进入新时代，“红一连”官兵坚持用党的创新理论武装头脑，他们筑牢信仰之基、补足精神之钙、把稳思想之舵，从而完成无数急难险重任务，立起了新时代强军兴军的时代标杆。

《光明日报》2021 年 7 月 27 日

百战百胜“红一连”

——陆军第 83 集团军某旅“红一连”培育铁心向党红色传人纪实

郑天然

第 83 集团军某旅“红一连”上等兵潘韶钰对连队的第一印象是，这里的布置大多是红色的——走廊里挂着红色的文化展板，宿舍门口贴着写有各班荣誉称号的红旗标志，连队楼门口的草坪上摆放着一座迎风飘扬的红旗雕塑，上面刻着 3 个大字：红一连。

然而，真正给予潘韶钰“精神上的洗礼”的，是“红一连”的连史馆。2019 年年底新兵下连时，这名年轻的大学生士兵没有想到，自己能来到“军魂发源的地方”当兵。

这个让一代代“红一连”官兵备感光荣的美誉，源自 1927 年的三湾改编。当时，毛泽东同志亲自在连队组织发展 6 名新党员，建立了人民军队第一个连队党支部，开创了“支部建在连上”的先河。随后在血战湘江、强渡乌江等 300 余场大大小小的战役战斗中，都有“红一连”官兵听党指挥、冲锋陷阵的身影。

新时代的“红一连”同样荣誉众多：荣立集体一等功 1 次、二等功 5 次，被表彰为全军首届“践行强军目标标兵单位”、陆军“‘四铁’先进单位”……满墙的荣誉勋章和锦旗，让第一次走进连史馆的潘韶钰“深深震撼了”。看着展柜里摆放的一件件文物，望着墙上一面面历经炮火硝烟的战旗，这个长于和平年代的小伙子不由感慨：“红色血脉已经延续到我们这一代，该轮到我们传承下去了”。

为了让官兵“守牢初心”，“红一连”开展了不少活动。连队指导员郑纪文介绍，每年新兵下连，参加的第一个集体活动就是参观连史馆。在连史馆正门口的“支部建在连上”主题雕塑后，摆放着一排木板凳，每月的党支部学习活动大多在此进行。

过去，“红一连”二班曾涌现出“学习毛主席著作标兵”郭大喜，他曾受到毛泽东同志亲切接见。如今，连队为每个班配发党的理论知识学习书籍，安装信息化一体机，供官兵观看理论学习精品课程。每月，连队会评选一次“郭大喜式理论学习标兵”，还要评选出6名优秀共产党员，这被官兵们视为“最特殊的荣誉”。

然而，在“红一连”，想要入党并不容易，因为考核标准严格。每年的入党数据显示，只有不到35%的官兵能够一次入党，大多数人要经过数次考察与检验。四级军士长李军就递交了两次入党申请书，经历最“坎坷”的一位老班长申请了5次才得以入党。

郑纪文解释说：“组织上入党一生一次，思想上入党一生一世。入党只是一种形式，重要的是要在入党的过程中，让红色的种子真正扎根在官兵心中，使他们成长为合格的红军传人。”

在“红一连”，成为党员才能加入党员突击队，拥有率先执行急难险重任务的“特殊待遇”。李军记得，2009年的夏天，“红一连”驻地遭遇暴雨洪涝灾害。情况危急，连队立刻派出党员突击队前去救援。一声令下，所有党员二话没说便背上救援装备奔赴抗洪一线。

从小在河边长大的李军因为水性不错，加之“软磨硬泡”，被破例允许随队参加任务。洪水中，李军看到连队里的老党员不顾个人安危一个接一个跳进水中，在齐腰深的急流中逆流而上，成功解救数名被困群众。他从此下定决心，“要成为像他们一样的人”。

连长胡贯蕾在“红一连”工作了10年，他明显感觉到：“‘红一连’的官兵都有一身不畏艰难、誓死完成任务的血性。这可能和连队历史上经历过的一次次浴血奋战有关。”

在“红一连”的诸多锦旗中，一面绣有“百战百胜”黄色字样的战旗最令官兵骄傲。在1942年的抗日战争中，“红一连”官兵在双山头战役中全歼敌军，因表现突出被授予了这面旗帜。这场战役已过去79年，但“百战百胜”一直是“红一连”官兵的追求。胡贯蕾说，在“红一连”，连队训练标准超过大纲要求是官兵们的共识。

“大纲要求跑武装越野3公里，我们就跑5公里，强化训练要求跑20公里，我们就跑25公里。”胡贯蕾举例说。在“红一连”，射击考核标准除了合格率和优良率，还有一项叫“满环率”。

创新训练方法、提高训练效果也是连队官兵们最关心的事，一个个党员牵头的“攻关”小组因此形成。连队第四十八任连长楚科纬曾与大学生士兵一起，研发出一款装步连山地进攻战斗模拟对抗系统，

“红一连”官兵在进行红蓝网络对抗演练（姜东坡　摄）

第五十一任指导员王玉光则与老班长们共同研制出一款振动头盔，解决了战斗班在夜间行动使用灯光、声音易被对手发现的难题。

战争年代看似已经远去，但战场离“红一连”官兵却并不遥远。2015年，中国向南苏丹派出维和步兵营，这也是中国首次派出整建制步兵营参加联合国维和行动，“红一连”便在其中。2017年，“红一连”再度出征，参加中国第三批赴南苏丹（朱巴）维和步兵营。

中士陈彬跟随连队执行了2017年的维和任务，在战火纷飞的非洲，他第一次感受到“直面生死的残酷”。在年初的一次巡逻任务中，他突然听到任务区不远处响起连续的枪声。陈彬和战友立刻赶往事发地段探查情况，步战车刚到，就看到8个荷枪实弹的身影冲出来，站在马路中央拿枪对着他们。

双方持枪对峙，陈彬奉命下车交涉。他清晰地记得，对方的枪口距离自己头部最近时不超过10厘米。“那一刻我代表中国军人，决不能有一丝一毫的软弱退缩！”陈彬冷静地和对方交涉，毫不示弱，最终对方同意撤退。

如今回忆起当时的险情，陈彬并不后怕，更多的是感到自豪。出国前，他曾递交过一次入党申请书，任务结束归国后陈彬再度申请入党，顺利获得通过，加入了连队的党员突击队。

“我可以告慰连队的先辈，我没有给‘红一连’丢人，现在一声令下，我们照样能够冲得上、打得赢！”2021年7月的一天，陈彬坐在连队的会议室里平静而坚定地说，“经历过生死心里就更清楚，怕死不当共产党员，后退一步就不是‘红一连’的兵。”

《中国青年报》2021年7月27日

“‘红一连’把我从里到外都染红了”

——第83集团军某旅“红一连”传承红色基因铸魂育人纪实

王　达　王会甫　戎　猛

“举世无双红一连，天下第一党支部。”高高瘦瘦的列兵张宪民用力在黑板上写下这两句话。

那是2017年新兵下连后不久，张宪民被安排去士官学校学习，一次政治课上，教员让来自不同单位的战士讲一讲自己连队的历史和传统。看着身边的战友纷纷上台，他也动心了，“想表现一下自己”。

“我们连1927年建连，毛委员亲自在连队发展了6名党员，建立了全军第一个连队党支部。”他提高音量说，“我们连是军魂发源的地方。”

台下战友向张宪民投来羡慕的眼光，但没有人察觉到这名列兵内心的纠结：下连之前，因为受不了“红一连”严格的管理，他主动申请借调到警卫连，并暗暗发誓“再也不踏入‘红一连’半步”。

“我抛弃了连队，现在却拿着连队的历史荣誉往自己身上贴金。”回想那一刻，张宪民觉得脸上火辣辣的，“感觉像自己偷了东西一样”。

此时，距离他成为“一名合格的‘红一连’兵”还有一年多的时间。

“我曾经抛弃了连队，可连队并没有抛弃我”

2016年9月，20岁的张宪民从长沙民政职业技术学院入伍，抱着“锻炼锻炼、吃吃苦”的想法来到了“红一连”。

“‘红一连’历史厚重，参加过300余次战役战斗，被授予‘百战百胜’‘英勇连’等称号。”新兵班长杨颖对他们说，“能在‘红一连’当兵是一辈子的荣耀！”

然而，刚刚来到部队的张宪民对此并没有什么触动。尽管天天唱连歌、呼喊连魂，还参观过连史馆，但他“总感觉历史很远，而且哪个部队没有点儿荣誉呢”。

更让他头疼的是，“红一连”的训练标准很高，班长看他体能不错有意培养，别人跑一个3公里，他要跑两到三个，别人只需合格的课目，他必须达到良好甚至优秀。

训练强度大时，班长自己花钱给他买牛奶和牛肉补充营养，但张宪民并不想这么累，“觉得差不多就行了”。一天班里组织体能训练，绕着营区跑完8圈后，班长又让他加练，他既失落又委屈，心中逐渐萌生退意。

等到警卫连参谋来挑兵时，身高一米八三的张宪民想都没想就去了。“当时只有一个想法，就是离开这个折磨我、使我痛苦的连队。”他说。

然而，在士官学校学习期间，当教员让介绍自己连队的历史和传统时，张宪民第一个想到的还是“红一连”。也就是在那几天，他得知了班长带着新兵战友去参加比武的消息。

“我的新兵战友都去比武了，而我不光没有进步，反而在往回走。自己当兵入伍的初心是什么，不就是想吃吃苦，磨砺一下自己的意志吗？”他懊恼地说，“那一刻，我想回去。”

2017 年的调整改革给了他机会。因为是借调到警卫连，学习结束后的张宪民可以再回原单位。他给指导员王玉光打电话，得到的答复是：“赶紧回来吧，你新兵战友都在等你呢。”得知他要回来，班长杨颖的第一句话是：“你欠我这大半年的训练要一丝不少地还给我！”

“我曾经抛弃了连队，可连队并没有抛弃我。”那一刻，害怕战友冷眼相待的张宪民有一种如释重负的感觉。

回到“红一连”后，连队把打扫连史馆的任务交给张宪民。有一天，他在打扫时发现展柜里有一本发黄破旧的笔记本，记录了 1979 年连队参加对越自卫反击作战的经过。其中，时任一班长黄茂才的事迹让张宪民印象深刻。

一次攻打班会村的战斗中，在黄茂才的带领下，一班缴获了敌军需仓库一座。将近 40 年前的日记里，黄茂才的战术动作被记得一清二楚，让张宪民觉得很震撼，“感觉历史好像有血有肉，就摆在我面前”。

“直到那时，我才感觉连队的荣誉真的不像我想象的这么简单，都是革命先辈们用汗水、鲜血甚至生命换来的。”他说。

在厚重历史中传承血性

看到那本泛黄的日记时，张宪民正处于激烈的思想斗争中。离开连队一段时间，他的身体素质有些跟不上，在高强度的训练中出现不适。“我当时想过放弃，可看了日记后，好像给了我一股莫名的力量，让我咬牙坚持下去。”

张宪民觉得，自己从黄茂才身上“传承到了一点儿军人应有的血性”。

有血性是“红一连”91 年来战绩辉煌的制胜密码。1948 年 10 月，红一连在辽西双岗子地区与敌遭遇，三排排长姜东海率突击班直插敌守军阵地。战斗中他腹部受伤，肠子流出体外，他毅然用手把肠子塞了回去，继续坚持战斗，直至壮烈牺牲。战后，他被授予“盘肠英雄”称号。

也是在那场遭遇战中，机枪手那庆文在被敌燃烧弹烧着的情况下，忍痛坚持战斗，打退敌人多次进攻，直至壮烈牺牲，被授予“英雄射手”称号。

此外，红一连还有“爆破英雄”郭照明、“英雄连长”王寿松、“刺杀英雄”王毛二等战斗英雄。翻看英雄的事迹，张宪民突然觉得这些前辈离自己并不遥远。

张宪民曾多次听班长们讲起连队参加“中部砺剑–2016”实兵对抗演习时的故事。在执行穿插任务时，三班副班长靳燕青发现一名蓝军

“红一连”设置复杂战场环境，提升官兵实战能力（姜东坡、张增岩　摄）

士兵正沿小路向山里逃窜，毫不犹豫地追了上去。追击过程中，他的作战靴被对手设置的障碍物划破一个口子，跑着跑着鞋底掉了。

情急之下，靳燕青迅速用老虎钳从路边的铁丝网障碍物上扯下一截铁丝，死死地捆在作战靴上继续追击，最后终于抓到了逃跑的“敌人”。

演习结束后，战友们看到靳燕青的腿“已经被勒肿了，脚底板也被磨破了”。“我宁可勒断腿，也要把蓝军往死里追。”他告诉战友，“当兵就得有股狠劲儿才行。”

也是在那次演习中，“红一连”完成穿插任务直接转为防御，在战斗至仅剩下 50 多人时与担任主攻任务的蓝军 1 连对峙。原本上级命令他们防守阵地 4 个小时，但他们坚持了 7 个小时，连长周光魁的战前动员至今仍让大家热血沸腾：“狭路相逢勇者胜，我们一定能坚持到最后，因为我们比对面多了一个‘红’字！”

用自己的方式续写“红一连”的荣耀

每次听到这里，张宪民都会想起指导员王玉光的那句话：“‘红一连’，从不是因为有多么久远的历史，多么卓越的战功而扬名，而是因为一茬茬‘红一连’官兵在用自己的方式不断续写着荣耀。”

张宪民发现，“红一连”的官兵对荣誉有着一种超乎寻常的执着。2017 年 11 月，连队参加集团军组织的强军兴训先锋连考核，即将退伍的班长杨颖因为腰椎间盘突出正在连队休养，接到考核通知时坚持要和大家一起训练。

一次，因为训练强度大，杨颖在卫生间腰疼得站不起来，喊张宪民把他扶起来。“班长，你还有不到一个月就退伍了，干吗还要这么拼啊，自己的身体自己应该最清楚。”张宪民不解地问道。

“我们连要去比武，不能落下任何一个人。”班长的回答让他印象深刻，“连队的荣誉高于一切。”

在“红一连”，有两个关于老茧的故事广为流传。中士赵耀在参加一次比武集训时，为了战胜兄弟部队的精英高手刻苦训练，手上长满了厚厚的老茧，开赛前录入拇指指纹时机器竟然无法识别，多次尝试备用指纹才通过审查。

还有一位老兵孙振环，为了在爬绳课目考核中战胜侦察兵，咬着牙上下爬了15趟，绳子被他手上的血染红了，好几次差点掉下来，但他仍然不放弃，直到最后实在抓不住绳子才作罢。战友们跑过去扶他，看到他手上还流着血，但是手上的老茧和皮肉都已经被磨掉了。

这些故事深深激励着张宪民，在强军兴训先锋连考核中，他和一班战友表现优异，班总分在全连排名第一，为“红一连”夺得集团军第一名贡献了很大的力量。

“当我们夺得集团军第一名时，我才真正地理解连队一块块奖牌、一面面锦旗都是一批批‘红一连’人用自己的努力换来的。”他说，“因为切身参与了，我才知道夺得荣誉是多么不容易。”

比武结束后，张宪民给自己定了一个小目标，5公里越野跑进前十名，因为这样能在晚点名时得到表扬。“跑进前十了我又想跑进前五，跑进前五看到前面有人我就不舒服，非得超过他。”他能明显感觉到，自己身上有了一种不服输的劲头，而这股劲头来源于“红一连”的前辈，也来源于身边的战友。

“‘红一连’就像一个‘大染缸’，把我从里到外都染红了。”回顾一年多的军旅生活，张宪民显得很激动，“现在，我终于可以很自信地说，我是一名合格的‘红一连’兵。”

《中国青年报》2018年7月12日

高擎英雄战旗阔步强军新征程

廉颖婷　孙月胜

陆军第 83 集团军某旅“红一连”，这个从秋收起义的战火硝烟中走来的连队，在三湾改编时，由毛泽东同志亲自组织发展 6 名新党员，建立了全军第一个连队党支部，开创“支部建在连上”的先河，被誉为“军魂发源的地方”。

94 年风雨兼程，进入新时代，“红一连”坚持用习近平新时代中国特色社会主义思想和习近平强军思想建连育人，传承红色基因、践行初心使命，圆满完成国际维和、抢险救灾、沙场阅兵等重大任务，荣立一等功 1 次、二等功 5 次，被表彰为全军首届“践行强军目标标兵单位”，成为强军兴军征程上的一个时代标杆。

传承革命精神

作为全军第一个连队党支部，“红一连”党支部对支委要求以“严”著称：基础课目全部优秀才算过关，险难课目训到极限才算过关，指挥技能实战管用才算过关，比武竞赛拿到名次才算过关。

“红一连”现任支委坚持艺不精不带兵、练不强不上岗，人人都考取等级证书、精通连属武器、掌握指挥技能。2020年参加旅群众性练兵比武，连队取得的9个单项第一中，党员占了8个，支委占了5个。

2020年10月，王檩瑄以旅新排长集训队第一名的优异成绩来到“红一连”。听闻自己即将成为荣誉连队一员，他心情激动，想要凭借过硬素质大显身手。然而下连不久，王檩瑄就遭遇“滑铁卢”。

“一连的门不好入，一连的支委更不好当。”党支部副书记、连长胡贯蕾告诉他，来到“红一连”先要过三关——传统关、理论关、军事关，闯不过这三关，就没资格成为连队支委。

王檩瑄顺利通过理论关，但由于没回答上来多个连史问题，以及抽考的11项课目中有5项没有达到优秀，最终没能通过传统关、军事关。

在“红一连”，大部分官兵入党时都会遇到重重考验，仅有35%的人一次性通关。

2017年，上级分配给“红一连”5个党员发展名额，连队按照发展党员程序，组织候选人员进行理论考试、军事考核和民主评议，结果只有4人符合要求。在拟发展对象中，下士李阳虽然模范带头作用强、群众口碑也很好，但在军事考核中未能全部通过。

“按照规定要求，军事不过关不能发展。”支委会上一班人很快形成一致意见：在“红一连”入党不仅不能降低标准，而且还要提出更高要求。最终，党支部按照原则上报4人。

不仅是党员发展，“红一连”党支部在处理入党立功、考学提干、选送学兵等事务上，始终把能力素质作为硬杠杠，不凑数、不迁就，树立了公正、公平的鲜明导向。

“红一连”党支部不仅在敏感事务上公平公正，而且在危难时刻冲锋在前：党员先锋岗支委先站、险难训练课目支委先训、岗位练兵比武支委先考、急难险重任务支委先上、切身利益面前支委先让。

一次，驻地水库山洪暴涨，随时有决堤危险，严重威胁下游 10 多万名群众的生命财产安全。接到上级命令后，“红一连”党支部一班人带领官兵火速奔赴救援现场，32 名党员组成突击队始终冲在前面，在最危险的地段跳进水里组成人墙。连续奋战 10 余小时，官兵们协力排除险情。

弘扬传家宝

“红一连”连史馆珍藏着一件传家宝，是长征途中毛泽东同志与连队官兵吃饭时用过的红菜盘。如今，红菜盘换成了分餐盘，五菜一汤取代了红米饭南瓜汤，但官兵同甘共苦的作风始终没变。每年连庆日，大家都会吃一顿“忆苦思甜饭”：一盘高粱米、一碗南瓜汤、一碟苦野菜。

“红一连”新兵入连吃的第一顿饭是“传统饭”红米饭南瓜汤（姜东坡　摄）

班长鹿志方发现新兵王雷军事训练敢打敢拼，成绩名列前茅，但性格内向不愿参与活动。鹿志方就逼着王雷登台演说、积极参与各项集体活动。当兵3年，王雷因为训练成绩优异、工作积极认真荣立两次三等功，顺利提干。

2019年7月，连队在高原参加极限体能比武，参赛班组需在200米的浅滩赛道上竞速前进。尽管已进入夏季，但高原上流淌的河水依旧冰凉刺骨，3名参赛队员冲过浅滩赛道时都已全身湿透，高原吹过的冷风让大家瑟瑟发抖。

比赛间隙，战友们围起来为参赛队员遮挡冷风，脱下暖和干燥的衣服换下参赛队员的湿衣服，一旁观赛的其他连队官兵看到这一幕纷纷鼓掌。

“如果要问，‘红一连’什么东西最宝贵、最需要坚守，那就是我们的红色传统。能不能把红色传统发扬好，事关军队性质、宗旨和本色，事关部队能打仗、打胜仗。”“红一连”指导员郑纪文说。

制胜未来战场

一阵尖锐的战斗警报中，一场实战化背景下全员全装战斗演练再次打响。铁甲轰鸣，浓烟滚滚。行军途中，“红一连”官兵接连成功处置多个敌情，提前30分钟齐装满员到达预定集结地域。

连队常年坚持“宁可备而不战、不可无备而战”，每天一次国内外重大时事点评雷打不动，每周一次战备演练雷打不动，每月一次形势战备教育雷打不动。

2017年7月，“红一连”奉命移防至数百公里外的关中大地。人员刚到位，连队党支部当机立断：“安家设营工作需要过程，但战备秩序恢复一刻也不能停。”当天下午，时任连长周光魁便带领干部骨干勘察疏散地域，调研驻地附近民情社情，及时查看战备进出口道路、修订细化战备方案，组织官兵进行战备演练。

第四十六任连长楚科纬与大学生士兵路继承共同研发出一款装步连山地进攻战斗模拟对抗系统；第四十八任连长周光魁带领大学生士兵王晨探索出连队战备库室管理系统，既能防止战备器材丢失，又能提升日常战备水平；第五十一任指导员王玉光与班长王雷研制出振动头盔，解决战斗班在夜间行动使用灯光、声音易被对手发现的难题……

连队专门腾出房间建设研战室，设置研战交流区、研战资料库、装备模型展览区、战法展览区 4 个区域，实现作战指挥、存放战法训法、展示中外武器装备模型、展示连队经典战法等功能。

“红一连”有项制度，每月都要组织一次不少于 25 公里的战备拉练。2020 年冬日的一天，连队计划组织战备拉练。“连长，预报明天有大雪，训练还进行吗？”胡贯蕾说：“打仗不会选天气，敌人不会挑时间。”

次日清晨，胡贯蕾接受战斗命令后紧急展开战斗部署，按实战要求组织了 14 小时的强化训练，将人员体能技能练到极限，不仅锤炼了官兵在严寒条件下的打赢本领，还从中发现了一些短板弱项，形成一套更加完善、更贴近实战的战斗预案。

2020 年 7 月，连队远赴塞北大漠参加军事比武，战酷暑、斗风沙，在选拔考核中，官兵一路过关斩将，打破多个课目纪录。考核结束，旅领导感慨道：“加钢淬火，锋刃如新。制胜未来战场，‘红一连’官兵时刻准备着！”

短评

薪火相传写忠诚

廉颖婷

作为“军魂发源的地方”，94年来，“红一连”薪火相传写忠诚，大力弘扬“支部建在连上”这一光荣传统，让支部建在连上更强在连上，像磁铁一样把官兵紧紧凝聚在党的旗帜下。

他们坚持用党的创新理论武装官兵，筑牢信仰之基、把稳思想之舵，一代代官兵听党话、跟党走。党的十八大以来，“红一连”坚持用习近平新时代中国特色社会主义思想特别是习近平强军思想建连育人，传承红色基因，践行初心使命，勇当强军先锋，先后完成调整移防、国际维和、沙场阅兵等重大任务，被表彰为全军首届“践行强军目标标兵单位”。

这个素以军事过硬、能征善战著称的连队，官兵们始终把使命举过头顶，把责任扛在肩上，诠释着对党的无限忠诚。

进入新时代，“红一连”官兵高擎“百战百胜”英雄战旗，阔步强军新征程，打造让党放心的刀尖铁拳。

《法治日报》2021年7月27日

军魂永铸钢铁堡垒

张滋堃　胡瑞智　周　远

山林深处，硝烟弥漫。新年伊始，第83集团军某旅一场对抗演习拉开战幕，“红一连”再次担负主攻任务。面对蓝军层层防御，连长胡贯蕾沉着应对、冷静指挥，带领官兵快速突破前沿、直插纵深……几番厮杀过后，成功夺占目标。

“编制我第一，冲锋打头阵；敢为天下先，耻落他人后。”战争年代，“红一连”参加战役战斗300余次，打出“百战百胜”赫赫威名。踏上新征程，连队党支部坚持把军魂融入灵魂，始终当先锋、打头阵，挑重担、任主攻，努力锻造攻无不克、战无不胜的尖刀利刃。

“思想跟党走，血染战旗红。”指导员郑纪文介绍，“听党指挥的坚定信念和能征善战的血性品格，在‘红一连’官兵身上代代相传、生生不息，铸就了永远的英雄连。”

1927年，在三湾改编中，毛主席亲自在该连建立党支部，开创了我军“支部建在连上”的先河，被誉为“军魂发源的地方”。薪火相传，传统铸魂。94年来，“红一连”党支部把继承和发扬“支部建在连上”传统作为建连之本，倾心打造战斗堡垒，努力建设过硬连队。他们坚持深学强军思想固本、弘扬优良传统培元，通过健全完善理论宣讲、支部议学等学习制度，探索运用故事启迪、案例剖析等学习方法，深化理论武装，持续打牢官兵听党话、跟党走的思想根基。

“非常荣幸能够当选优秀共产党员，我一定牢记初心使命、矢志精武强能……”前不久，“红一连”党支部组织月评优秀党员，新排长王檀瑄到连队仅半年，就因军事素质过硬、工作成绩突出获此殊荣。

“其实，我初到连队时也很忐忑，不知道怎样才能干好工作。”王檀瑄告诉记者，但当他第一次走进连史馆，便被连队厚重的光荣传统和革命先辈的英雄事迹深深震撼：1935 年遵义会议时，“红一连”不辱使命，圆满完成会议警卫任务；双岗子遭遇战中，三排长姜东海腹部受伤，肠子流出体外，他把肠子塞进去，捂住伤口激战 5 小时，直至壮烈牺牲……“想成为‘红一连’的兵，就要不怕困难、不惧艰险，敢于担当、冲锋向前。”王檀瑄暗下决心，把红色基因融入血脉，并在实践中感染他人、引领前行。

优良传统铸魂育人，薪火相传形成自觉。几十年来，每逢新兵下连、干部调入，都要讲连史、话传统；每逢遇到困难挫折，都要在连史馆“反思席”上作检讨、想对策。同时，常态开展记红色格言、读红色书籍、看红色电影、讲红色故事、办红色歌会系列活动，组织“人人进连史、个个当主人”活动，深入开展学战史、学战例、学战将等活动，把传统学到骨子里，学出战斗力。

“战场打不赢，一切等于零。一座钢铁战斗堡垒，必须精于带兵打仗。”对于“红一连”党支部一班人来说，没有什么比当兵打仗、带兵打仗更重要了。他们成立支委示范班、设立支委示范车，倡导“党员先锋岗支委先站、险难训练课目支委先训、岗位练兵比武支委先考、急难险重任务支委先冲、棘手问题破解支委先攻”，从自身练起、从自身严起，立起练兵备战鲜明导向。

“盘肠英雄”姜东海、“无产阶级硬骨头战士”谢朝发、“爆破英雄”

“红一连”官兵利用战车掩护向“敌”阵地发起冲锋（张增岩　摄）

郭照明……细数连队战斗英雄，官兵深知，“百战百胜”的铁血荣光，是血与火锻造出来的。新时代新征程，只有不断锤炼打赢硬功，做到全时待战、随时能战，才能浇铸好那面永不褪色的战旗。

为此，他们坚持仗怎么打、兵就怎么练，严格落实每天一次重大时事点评、每周一次战备演练、每月一次形势战备教育，探索推广战备物资模块化存储、箱笼化装载，聚力攻关“合成作战”“寒区作战”等新课题，创新开展对抗化、模拟化、网络化练兵方式，推广形成装步连山地进攻战斗 16 种打法、战时心理防护与疏导“双八法”等 20 多项成果，官兵战备意识更强，连队作战能力有效提升。

“只有为连旗增辉的义务，没有给连旗抹黑的权利。”这已成为“红一连”官兵的共同追求。一次高原驻训演习，连队奉命担任主攻。交锋激烈时刻，班长柯昌水主动请缨，率领党员突击队穿插敌后。然而，高原环境恶劣，加上长途奔袭，大家体力严重透支，面临身体和心理双重考验。“我们是‘红一连’的兵，从来不认输，再难也要上。”柯昌水不顾脚伤，鼓励大家咬牙坚持，圆满完成穿插任务。

珍惜荣誉才能创造荣誉。近5年来，“红一连”参加上级比武考核夺得320余个第一，年年被评为“军事训练一级连”，成为强军路上一把永不卷刃的钢刀，时刻准备扬威沙场。

《人民陆军》2021年2月25日

舆论反响

传承红色基因
激发奋进力量

李龙伊

近日，陆军第83集团军某旅“红一连”先进事迹被广泛报道，在广大干部群众特别是部队官兵中引发热烈反响。大家一致表示，“红一连”是坚决听党指挥、践行初心使命的先进典型，赓续红色血脉、争当红色传人的突出代表，矢志奋斗强军、聚力备战打仗的时代先锋。要以“红一连”为榜样，以高度政治自觉传扬百年光辉历史、弘扬伟大建党精神、激发磅礴奋进力量，在新的赶考路上创造新业绩、书写新篇章。

华山脚下、渭水河畔，刚刚走下训练场的“红一连”连长胡贯蕾表示：“新时代的‘红一连’官兵会接过前辈的旗帜，保持英勇顽强、百战百胜的战斗作风，始终弘扬‘支部建在连上’光荣传统，传承红色基因，担当强军重任，努力锻造让党和人民放心的刀尖铁拳！”

时值盛夏，位于祖国西北边陲的喀喇昆仑山仍是一片冰天雪地。驻守在海拔5380米高原的新疆军区某边防团神仙湾边防连执勤官兵蹚冰河、翻雪山，用脚步丈量祖国的边境线。边防连上等兵周群沁说：“我们要以‘红一连’的先辈们为榜样，铁心向党、精武强能，确保在党和人民需要的时候拉得出、打得赢，把祖国的边疆牢牢守住。”

“‘红一连’在党艰难曲折的革命探索中诞生，圆满完成了各项使命任务，是值得学习的标杆。”正在南海某海域执行战备巡航任务的海军陆战队某旅特战小队长张永青说：“海军陆战队作为两栖精锐作战力量，作战环境特别、遂行任务特殊，要聚力练兵备战、勇当强军先锋，以更强大的能力、更可靠的手段捍卫国家主权、安全、发展利益！”

空军工程大学“空军模范学员队”教导员袁伟表示：“党的力量来自组织，组织力量来自党支部。新时代，作为院校学员队党支部书记、一线带兵人，我们要学习‘红一连’建连育人先进经验，教育引导学员筑牢信仰之基、补足精神之钙、把稳思想之舵，为部队建设发展提供源源不断的精神动力。”

南国密林之中，火箭军某导弹旅一场全流程战斗发射演练刚结束，官兵战衣未脱，围坐在导弹发射架下，学习讨论“红一连”先进事迹。中士尹绍松率先发言，他指着胸前的党徽说：“执掌大国重剑，我们要跑好属于我们的接力棒，苦练提升打赢本领，成为克敌制胜的‘王牌’‘底牌’！”

武警北京总队执勤第四支队官兵就“红一连”事迹进行了学习交流，执勤五中队指导员矫嘉伟表示：“我们肩负着保卫首都安全的神圣使命，必须要把理想信念的火种、红色传统的基因一代代传下去，让革命事业薪火相传、血脉永续，确保绝对忠诚、绝对纯洁、绝对可靠，永远做党和人民的忠诚卫士。”

“‘红一连’身上鲜明体现了人民军队坚定的理想信念、优良的革命传统、顽强的战斗作风，这些都是值得我们央企人学习的优秀品质。”中国邮政集团有限公司辽源市分公司总经理陈延智说，“作为新时代的央企人、邮政人，我们担负着‘传邮万里，国脉所系’的职责，要学习‘红一连’的信念、传统和作风，锻造一支永葆奋斗精神、勇担时代使命的职工队伍，不辜负党和人民的信任。”

广西苍梧县京南镇人民政府武装干事廖伟表示，作为一名退役军人，要对标“红一连”官兵们的崇高境界，发扬退役老兵的务实作风，始终同党和人民心往一处想、劲往一处使，接过时代的接力棒，以高度的政治责任感和历史使命感推进乡镇政府服务能力建设。

未来属于青年，希望寄予青年。“看到‘红一连’官兵们用青春、热血和汗水投身强军事业，我很受感染。”对外经济贸易大学学生张静旖表示：“作为青年党员，我们应以实现中华民族伟大复兴为己任，增强做中国人的志气、骨气、底气，不负时代，不负韶华，不负党和人民的殷切期望！”

《人民日报》2021年7月29日，
陶然、郭帅、张智、徐腾跃、段开尚参与采写

“红一连”先进事迹在社会各界和军营内外引起强烈反响

李清华　高　腾

连日来，被中宣部授予“时代楷模”称号的陆军第 83 集团军某旅“红一连”的先进事迹经媒体广泛报道后，在社会各界和军营内外引起强烈反响。广大干部群众认为，“红一连”不愧为坚决听党指挥、践行初心使命的先进典型，不愧为强军路上赓续红色血脉、争当红色传人的突出代表，不愧为新时代矢志奋斗强军、聚力备战打仗的时代先锋。“红一连”的先进事迹必将汇聚全社会努力奋进中国梦的磅礴力量，更加激励全军官兵在强军路上创造新业绩、书写新篇章。

北京大学航天中心医院副院长郭君说：“‘红一连’红就红在根正苗红、红就红在血脉传承、红就红在奋力有为。94 年来，他们始终在党的旗帜下行动和战斗，始终发挥‘支部建在连上’的政治优势，是我们航天人矢志航天报国、奋力追逐强国梦的光辉榜样。”

“以岛为家守边防，代表祖国迎太阳。”驻守在祖国最东端黑瞎子岛上的东极哨所官兵们收看“红一连”先进事迹报道后，指导员王阳阳说，“党支部是攻坚克难的坚强堡垒。我们要向‘红一连’学习，锻造铁一般的党支部，坚决守护好祖国的边境线。”

驻守在祖国西北边防的阿拉马力边防连，当年一首《毛主席的战士最听党的话》被传唱至今。他们说，我们要像“红一连”那样堡垒无言，凝聚力量，永远听党话、跟党走，永做铁心向党的红色传人。

正在执行中国第八批赴马里维和任务的第79集团军某旅官兵，在执勤间隙学习了“红一连”典型事迹后，大家感到，“红一连”能够在冲突不断的异国土地上，两次圆满完成维和任务，缘于始终听从党指挥，完成党赋予的任务最光荣。我们要向“红一连”学习，党指到哪里，就战斗到哪里，以更强大的能力、更可靠的手段捍卫国家主权、安全、发展利益，请祖国和人民放心。

灾情就是命令，受领抗洪抢险任务以来，中部战区官兵闻令而动，第一时间奔赴救灾现场。他们通过网络媒体收听收看了“红一连”先进事迹报道后，官兵们纷纷表示，江山就是人民，人民就是江山，我们要像“红一连”那样，始终把人民群众放在心上、举过头顶，坚决完成好抗洪抢险救灾任务。

驻守在华山脚下的“红一连”官兵纷纷表示，在新时代的强军路上，我们一定要发扬光荣传统，不负党和人民对我们的期望，不辱使命，在习近平新时代中国特色社会主义思想和习近平强军思想指引下创造新业绩，书写新篇章。

新华社北京2021年7月28日电

“红一连”官兵心声

军旗永随党旗走

“红一连”是人民军队军魂发源的地方。94年来，连队党支部始终大力弘扬“支部建在连上”的光荣传统，百战百胜、英勇顽强的战斗作风，官兵一致和艰苦奋斗的“红菜盘精神”，把坚决听党话、铁心跟党走作为建连之魂、育人之本、传家之宝。

在一连，有句话耳熟能详：党在心、枪在手，军旗永随党旗走。每当有官兵调入连队，都要过传统关、理论关、军事关；每年连队党支部诞生日，全连官兵用“红菜盘”吃传统饭，高唱《红一连连歌》；每当遇到思想问题，官兵就到连史馆里看一看、学一学，到“反思席”上坐一坐、想一想；每逢七一、八一，都要组织官兵在党旗、军旗下重温誓言……

“红一连”一代代官兵自觉弘扬革命战争年代形成的光荣传统和优良作风，历任党支部始终坚持党对军队绝对领导的根本原则和制度，持续打牢官兵听党话、跟党走的思想根基，把对党的绝对忠诚转化为投身强军的实际行动，成为一面永不褪色的旗帜。

——“红一连”指导员　郑纪文

胜战荣光是拼出来的

从“红一连”的排长、副连长到现在任连长，一路走来，我最大的感触就是：连队的赫赫威名和累累硕果，是在浴血奋战中打出来的，是在实战实训中拼出来的。

新《军事训练大纲》刚刚颁发，连队党支部就把新增的险难课目作为训练重点，专攻精练，尽快补齐短板。根据使命任务的变化，我们大力开展对抗式、模拟式训练，连队整体作战能力持续攀升。

天下虽安，忘战必危。一支军队，能否打赢未来战争，并不取决于距离上一场战争的时间跨度，而在于对下一场战争的理解和准备程度。

自 1927 年始，战争的烽火从未在“红一连”阵地上真正消散，连

“红一连”模拟战场展开战术训练（姜东坡、乔子丰　摄）

队党支部始终是一个坚强团结的战斗集体。每一场战斗、每一次冲锋，都为这个集体锻造出能征善战的血性品格和英勇不屈的战斗精神。

新时代，“红一连”坚决贯彻习近平强军思想，积极投身实战化训练，敢于“开第一车、打第一枪、放第一炮”，让“箭在弦上”成为常态。

——“红一连”连长 胡贯蕾

《解放军报》2021 年 4 月 13 日

传承红色基因
永葆忠诚本色

章 文

94年来，陆军第83集团军某旅“红一连”始终铁心跟党走，传承红色基因、继承优良作风，练精兵、谋打赢，筑就了坚不可摧的战斗堡垒。他们的先进事迹在本报发表后，在军队和地方引起热烈反响。大家纷纷给“红一连”官兵点赞，一致表示要向他们学习，传承红色基因，永葆忠诚本色。

“‘红一连’的旗帜上镌刻着军魂党魂，连史上书写着永恒的初心和伟大的使命。”中国延安干部学院副院长韩东晖表示，“红一连”的先进事迹是引导教员研深析透“红军所以艰难奋战而不溃散，‘支部建在连上’是一个重要原因”等思想建党、政治建军深刻道理的生动教材。

曾在军营荣立过战功的国家税务总局遂川税务局干部肖初生动情地说：“面对百年未有之大变局，‘红一连’先进事迹值得社会各行各业学习，从中汲取力量，必将有助于我们战胜前进路途上的困难曲折。”

陆军第71集团军“党支部建设模范红三连”正在开展“入党忆初心”“党员突击队”等学习活动。“我们要向‘红一连’党支部学习，发挥好支部堡垒作用，引导连队官兵铁心跟党走、争当红色传人。”连队指导员王宇晨说。

海军军医大学长海医院全体官兵在学习了“红一连”的先进事迹后一致表示，要向英雄部队学习，在任何时候任何情况下都以党的旗帜为旗帜、以党的方向为方向、以党的意志为意志，争做新时代铁心向党的人民好军医，为实现强军目标贡献力量。

“激荡着红色力量的红色基因，是人民军队从胜利走向胜利的传家法宝，更是实现新时代强军目标的精神基座。”武警新疆总队昌吉支队某中队指导员李宣儒说：“无论身处什么环境、面临何种考验，我们都要做到绝对忠诚、绝对纯洁、绝对可靠。”武警湖南总队株洲支队炎陵中队官兵则表示，要像“红一连”那样听党话、跟党走，自觉传承红色基因，担当强军重任。

在西北高原腹地，空降兵某旅正在进行某新型伞整建制实跳任务，官兵们认真学习“红一连”先进事迹并展开热烈讨论。政治工作部主任卞传政说：“血脉相承，薪火相传。作为上甘岭黄继光英雄传人，我们要向‘红一连’学习，把红色基因融入忠诚血脉、根植内心深处，把党支部建成攻坚克难的战斗堡垒，引导官兵争做铁心向党的红色传人。”新疆喀什军分区政治工作部主任郭天恩则表示：“作为边防部队，要学习‘红一连’的光荣传统，建强基层的每个支部、培养一批批过硬党员，把红色基因落实到实际行动上，守好、守牢、守住脚下的每一寸国土。”

“红一连”的先进事迹在新媒体平台推出后，“点燃”了网友热情。网友“心中爱你无悔”说：“军魂发源的地方！为人民军队点赞！”网友“蜜蜂 zzz”说：“铁心向党‘红一连’，展现红军传人的精气神！向你们致敬！”

《光明日报》2021 年 7 月 28 日

赓续红色血脉 践行初心使命

——“时代楷模”“红一连”先进事迹在驻陕部队引起热议

连日来，被中宣部授予“时代楷模”称号的陆军第83集团军某旅“红一连”的先进事迹经媒体报道后，在军营里引起强烈反响。广大官兵一致认为，“红一连”不愧为坚决听党指挥、践行初心使命的先进典型，不愧为强军路上赓续红色血脉、争当红色传人的突出代表，不愧为新时代矢志奋斗强军、聚力备战打仗的时代先锋。作为新时代的军人，要努力把人民军队建设成为世界一流军队，以更强大的能力、更可靠的手段捍卫国家主权、安全、发展利益，在实现强军梦的伟大征程上创造新业绩、书写新篇章。

人民军队永远听党话跟党走

通过观看学习“红一连”的先进事迹报告，我深深体悟到一代代“红一连”官兵、一代代英勇无畏的中国军人，早已将生命和使命一同融入用鲜血和信仰铸就的灵魂里，铸造进一把把无坚不摧的钢刀利刃里，浸染到鲜红的党旗和猎猎飘扬的八一军旗里，他们无愧“时代楷模”这一光荣称号，不愧为坚决听党指挥、践行初心使命的先进典型。

他们始终在党旗下战斗的实践，生动反映了党缔造和领导人民军队的光辉历程，鲜明体现了“支部建在连上”的政治优势，充分彰显了人民军队永远听党话、跟党走的赤胆忠心。

作为一名新时代的革命军人，我们要深入学习贯彻习近平新时代中国特色社会主义思想，学习贯彻习近平强军思想，学习宣传贯彻习近平总书记七一重要讲话精神，进一步增强“四个意识”、坚定“四个自信”、做到“两个维护”，贯彻军委主席负责制，牢记“国之大者”，以高度政治自觉弘扬伟大建党精神、激发磅礴奋进力量，努力把人民军队建设成为世界一流军队，以更强大的能力、更可靠的手段捍卫国家主权、安全、发展利益，在实现强军梦的伟大征程上创造新业绩、书写新篇章。

——陕西省军区政治工作局干事　王武俊

从红色历史中汲取前行的力量

我们中队集体组织学习了“红一连”的先进事迹，极大激发了官兵向典型学习、向先进看齐的热潮。回顾“红一连”的历史，让我印象深刻的是那些巨大又光荣的功勋：1946 年连队 1 排被授予“英勇突击排”，1948 年连队被授予“英勇连”，3 排被授予“英雄尖刀排”……一个个英勇战斗、奋不顾身的血性军人：“盘肠英雄”姜东海、“无产阶级硬骨头战士”谢朝发、“爆破英雄”郭照明……无时无刻不激励着我们勇往直前、拼搏奋斗，从红色历史中汲取前行的力量。同时，中队还将陆续开展“红色故事我来讲”、党史知识竞赛等主题教育活动，以喜闻乐见的方式丰富学习教育形式，夯实官兵当兵不怕苦、训练不怕累、打仗不怕死的思想根基。

回顾这一支诞生于秋收起义、被誉为“军魂发源的地方”的红色连队的故事，我更加清醒地认识到，必须把听党指挥作为人民军队的最高准则，任何时候任何情况下都不能有半点含糊和动摇。作为新时代革命军人，只有练就过硬本领，才能履行好党和人民赋予的使命任务，把对党的绝对忠诚转化为投身强军的实际行动，永做铁心向党的红色传人。

——陕西省军区警卫勤务队通信中队副中队长　张艺蓝

争当红色传人　走好从军路上的每一步

近日，时代楷模“红一连”的事迹火遍全网，也为连队官兵树立起新的学习榜样。作为一名解放军战士，我深知先进事迹的背后是怎样的艰辛与付出。“红一连”最让我们震撼与感慨的，是在一连串的功绩中所展现的传承。都说铁打的营盘流水的兵，如何在官兵代代更迭中不失本色，在我看来“红一连”创造这一神话的秘诀就是我们的军魂，它是信念，是信仰，是我军传承的精神力量。这种精神力量沉淀在我们的历史长河中，融入我们的日常训练生活中，镌刻在我们每一名官兵的心中，使我更加明白为何连队训练始终从严从难，细到一块毛巾的摆放、一条被子的线条。

我的军旅生涯即将进入第二个年头，经过这一年的新兵生活，“政治坚定业务精，迅速准确保畅通，执勤保障创一流，通信中队争先锋”的队魂也深深地刻在了我的心里，我想这便是我们连队的传承。“红一连”“排排授过称，班班有战功”，我们连队的荣誉也要由我们争取。赓续红色血脉、传承红色基因，我将走好从军路上的每一步。

——陕西省军区警卫勤务队通信中队战士　秦茂淋

坚决守护好人民的幸福生活

扎根红色延安，赓续红色血脉。我们学习“红一连”先进事迹报道后，围绕“弘扬优良传统，争做圣地忠诚卫士”这一主题展开了热烈讨论，进一步激发了大家立足本职作贡献的政治热情。我们要向“红一连”学习，锻造铁一般的党支部，坚决守护好人民的幸福生活。

“红一连”不愧为坚决听党指挥、践行初心使命的先进典型，不愧为强军路上赓续红色血脉、争当红色传人的突出代表，不愧为新时代

“红一连”官兵在进行刺杀操训练（姜东坡　摄）

矢志奋斗强军、聚力备战打仗的时代先锋。“红一连”的事迹深刻地说明了一个道理：党的领导是人民军队始终保持强大凝聚力、向心力、创造力、战斗力的根本保证。党对军队的绝对领导是中国特色社会主义的本质特征，是党和国家的重要政治优势，是人民军队的建军之本、强军之魂。我们将进一步把听党指挥的最高政治要求落实到思想和行动上，确保任何时候任何情况下坚决听从党中央、中央军委和习主席指挥，坚决维护和贯彻军委主席负责制，永远做党和人民的忠诚卫士，坚决完成党和人民赋予的新时代使命任务，在强军路上创造新业绩、书写新篇章。

——武警陕西省总队延安支队某部大队长　刘国徽

锻造新时代革命军人的血性胆气

铁心向党，军魂永驻。7月27日，中宣部授予陆军第83集团军某旅“红一连”“时代楷模”称号。消息传开后，在支队官兵中引起强烈反响。大家纷纷表示，要向“红一连”学习，牢记初心使命、传承红色基因，打牢听党话、跟党走的思想政治根基；练就克敌制胜的过硬本领，确保一旦有事能上得去、打得赢，用实际行动当好维护榆林社会稳定的压舱石，锻造新时代革命军人的血性胆气。

历史镌刻辉煌，岁月铭记荣光。“红一连”能够在冲突不断的异国土地上，两次圆满完成维和任务，源于始终听党指挥，完成党赋予的任务。“红一连”典型事迹使我深刻意识到，党指到哪里，我们就要战斗到哪里。我们要坚持用习近平强军思想武装头脑、指导工作，铸牢对党绝对忠诚的思想根基，自觉做强军思想的坚定信仰者、忠实执行者、模范践行者，坚持组织路线服务政治路线，聚焦备战打仗主责主业，把党的政治优势和组织优势转化为制胜优势，让红色基因内化于心、外化于行，高标准完成好练兵备战任务，加强实兵、实装、实案训练，时刻备战，随时待战，坚决完成党和人民赋予的新时代使命任务。

——武警陕西省总队榆林支队供应保障中队指导员　华晨阳

把保健康就是保战斗力贯穿在工作始终

“红一连”红就红在根正苗红、红就红在血脉传承、红就红在奋发有为。“红一连”听党话、跟党走，坚决听党指挥，努力践行初心使命，是赓续红色血脉、争当红色传人的突出代表，他们充分发挥了“支部建在连上”的政治优势，加强党支部建设，培养了一代又一代优秀红色传人。

翟雅莉说，他们的先进事迹激励着部队广大官兵和群众，作为军队基层医务工作者，我们要以“红一连”为榜样，努力践行初心使命，坚决听党话、跟党走，向“红一连”学习，党指到哪里，就战斗到哪里，进一步增强“四个意识”、坚定“四个自信”、做到“两个维护”，牢固树立全心全意为官兵服务的思想，把保健康就是保战斗力贯穿在工作始终，全心全意、尽心尽力做好部队官兵医疗保健、卫生防疫和各项卫勤保障工作，在新时代的强军路上发扬光荣传统，不负党和人民对我们的期望，不辱使命，为军队现代化建设和实现强军目标贡献力量。

——空军第九八六医院第五门诊部主任　翟雅莉

把红色基因代代传承下去

“红一连”是一个有着红军传统的光荣连队，自诞生以来，历经19次整编、21次调整移防，之所以无论部队怎么改、环境怎么变，“一心跟党走、坚决听党话”的忠诚本色不改、“支部建在连上、传统代代相传”的红色基因不变，靠的就是坚定铁心跟党走的信仰追求。

这两天在学习了“红一连”先进事迹宣传报道后，我深受教育和触动。“红一连”不愧为坚决听党指挥、践行初心使命的先进典型，强军路上赓续红色血脉、争当红色传人的突出代表，新时代矢志奋斗强军、聚力备战打仗的时代先锋。年轻一代官兵要学习“红一连”，学习这种红色精神、红色基因、红色作风，不断坚定理想信念，永远保持正确的政治方向，永远忠诚于党。我作为一名离休干部，经历过抗日战争、解放战争，见证了新中国的成立，见证了国家一步步发展壮大、一步步走向富强，我感到非常荣幸。党和国家对我们这些老干部非常重视，我们要用自己的方式，把红色基因代代传承下去，不忘初心、牢记使命，坚决听党话、永远跟党走。

——陕西省军区宝鸡第二干休所离休干部　任来滨

用行动彰显对党和人民的忠诚

“红一连”荣获“时代楷模”称号之后，我十分振奋。因为“红一连”一直是我心中向往和敬佩的英雄连队，也正是因为了解了这个连队的历史，才让我有了参军报国的决心。它是我军的军魂发源地，也是我这名普通学员的从军引路人。从陈道口到四平保卫战，从解放海南岛到 1998 年长江抗洪抢险，一路走来，“红一连”是当之无愧的“时代楷模”。

一支将传承红色基因作为起点的连队，在近百年历史中，数次经过血与火的洗礼，红色初心是他们的坚守。他们在赓续光荣传统和优良作风中淬炼，他们用行动彰显对党和人民的忠诚。“红一连”的诸多先进事迹，一次次激励着我前行，在每次熬夜学习专业知识时，在风吹日晒备战体能联考时，在一台接着一台手术时，正是“红一连”的先烈英雄们，给予我坚持下去的动力。通过学习“红一连”的历史，让我坚定了对党忠诚、人民至上的理想信念，树立了敢于斗争、甘于艰苦的报国之志。而在实习期结束后即将面临工作分配时，我一定怀着这颗红色初心，到基层去，到边疆去，到祖国最需要的地方去。

——空军军医大学实习学员　李乃尊

《陕西日报》2021 年 8 月 1 日，郑斐整理

评论观点

薪火相传写忠诚

许　晴

陆军第 83 集团军某旅“红一连”是诞生于秋收起义的红军连队。三湾改编时，毛泽东同志亲自在该连建立党支部，并发展了 6 名党员，开创了我军“支部建在连上”的先河。90 多年来，“红一连”矢志不渝听党话、跟党走，先后参加战役战斗 300 余次，完成非战争军事行动 40 余次，5 次被授予荣誉称号。党的十八大以来，“红一连”圆满完成国际维和、抢险救灾、沙场阅兵等重大任务。不久前，中央宣传部授予其“时代楷模”称号。

“红一连”，有个“不一般”的连史馆。有大学生士兵入伍时训练成绩不合格，在连史馆里找到人生目标，努力成为训练标兵；有新排长入连时不适应连队工作节奏，在学习连史中找到方向，坚定信念扎实工作；对抗演习失利，有官兵到连史馆反思检讨，补齐短板夺回荣誉……“红一连”连史馆里到底有什么，能够让人汲取无穷的精神力量？

长征时毛泽东同志同连队官兵就餐时用过的“红菜盘”，1942 年新四军第 3 师授予连队的“百战百胜”锦旗，九八抗洪时被泡得褪了色的救生衣，汶川大地震抗震救灾时被落石砸扁的水壶……每件馆藏背

“红一连”官兵齐唱连歌（张永进　摄）

后都有值得铭记的历史，都有震撼人心的故事。连史馆，是“红一连”的荣誉殿堂，更是官兵们寻找根脉的红色基因库，蕴藏着“红一连”战无不胜、攻无不克的制胜密码。厚重的历史、辉煌的战绩，刻画出绝对忠诚、绝对纯洁、绝对可靠的英雄连队、模范连队形象。

理想信念高于天，红色基因代代传。经历风雨洗礼、血与火的考验，全连官兵听党话、跟党走的政治坚守一以贯之。新兵下连，唱的第一首歌是《红一连连歌》，上的第一堂课是“支部建在连上”思想政治课；每年连庆日，官兵都会吃高粱米饭和南瓜汤加苦野菜的“忆苦思甜饭”；连队几十年来坚持每月评出优秀党员，成为连队官兵最珍视的荣誉之一。听党指挥的政治基因，是这支连队走过 90 多年壮阔征程依然充满活力的根本原因。

烽火岁月，淬炼铁心向党的理想信念；和平年代，彰显赤胆忠诚的使命担当。打开官兵背囊中的水壶，水是每天更换的纯净水；打开干部的挎包，里面装着最新的作战地图、标图工具；走进研战室，里面有最新的军事前沿知识资料……这是一个随时把备战落实在生活中和行动上、保持刀锋永不卷刃的连队。将厚重的红色传统熔铸成随时能战的底气，把对党的绝对忠诚转化为战则必胜的能力，英雄的“红一连”用一次次闻令而动，一次次圆满完成任务，不断续写新的荣光。

“组织上入党一生一次，思想上入党一生一世！”这是“红一连”一位普通战士的座右铭，是“红一连”全体官兵的心里话，也道出了一代代革命军人的共同心声。新的征程上，牢牢坚持党对人民军队的绝对领导，坚持走中国特色强军之路，人民军队一定能不断谱写强国强军新篇章，创造无愧历史和时代的新的光辉业绩。

《人民日报》2021 年 9 月 23 日

永远的忠诚

李清华

军魂融入灵魂里，战旗永随党旗飘。

这是一个开创了我军“支部建在连上”先河的英雄连队，这是一个被誉为“军魂发源的地方”的红军连队。

94年来，陆军第83集团军某旅“红一连”创下了参加战役战斗300余次的辉煌战史。他们历经调整整编、移防换防，多次参与国际维和行动，多次立功受奖。他们曾荣膺“百战百胜”战旗，被中央军委授予“党支部建设模范连”荣誉称号，是全国全军先进基层党组织、践行强军目标标兵单位。

“红一连”为什么红？“红一连”为什么强？“支部建在连上”是一个重要原因。连队工作的好坏首先取决于党支部工作的好坏，支部工作做好了，战斗力才会增强。

贯彻习近平新时代中国特色社会主义思想和习近平强军思想，要学习“红一连”官兵风雨不迷航、红心永向党，始终坚守党对军队绝对领导这个“命根子”，人人争做铁心向党的红色传人。“红一连”官兵们始终用党的创新理论武装头脑，走出了支部组学、制度促学、党员领学、骨干帮学、网络助学的大众化、经常化理论学习新路子，构建起了“人人都在学习中、学习都在组织中”的浓厚学习氛围，使官兵自觉做永远忠诚于党的新时代红色传人。

要学习“红一连”党支部就是铁拳头、党员都是刀尖子，在强军路上加钢淬火“百战百胜”枪杆子的革命精神，人人争当强军先锋。“红一连”官兵们始终盯着强敌练、瞄准实战训，全面提升新时代备战打仗能力。他们的忠诚不是喊在嘴上、做在面上、写在纸上，而是通过一场场战斗、一次次任务反复砥砺、经得起检验的铁血忠诚。

要学习“红一连”官兵薪火相传我军宗旨的光荣传统，时时处处发挥共产党员的标杆作用。强军路上，人民永远是军队的力量之源。在全面建成小康社会的伟大征程上，“红一连”党支部坚决响应党中央、习主席脱贫攻坚号召，与驻地村党支部共同打“爱民井”、修“爱民桥”、铺“同心路”，甘当人民群众的孺子牛。

“红一连”是用习近平强军思想建连育人的杰出代表，是以坚强战斗堡垒带出全面过硬连队的时代标杆，是培育和锻造“四有”革命军人的大熔炉。在习近平新时代中国特色社会主义思想指引下，全军官兵要向“红一连”学习，以高度政治自觉，传扬百年光辉历史，弘扬伟大建党精神，激发磅礴奋进力量，努力把人民军队建设成为世界一流军队，以更强大的能力、更可靠的手段捍卫国家主权、安全、发展利益，在新的赶考路上创造新业绩、书写新篇章。

新华社西安 2021 年 7 月 26 日电

感悟传统的力量

解放军报评论员

“红一连”为什么这么红？

几乎每一个前来参观见学的人，都试图寻找“红一连”长盛不衰、历久弥新的密码。但大家发现，与其他连队相比，“红一连”并没有什

“红一连”官兵训练归来，高唱连歌（姜东坡　摄）

么出奇的经验、玄妙的招法。唯一做得更好的地方，就是他们对传统的尊崇、对传统的赓续、对传统的运用。

比如，干部到连队任职要先过传统关、理论关、军事关，党员干部做到“五个带头”，支部每月评选6名优秀党员，坚持“三敢”——党员问题群众敢讲、支委问题党员敢点、书记问题支委敢批，等等。单看这些措施做法本身，并没有多少新意，但难能可贵的是，“红一连”已经坚持了几十年。

时代变了，传统不变；官兵换了，传统不换；装备改了，传统不改。“红一连”对我党我军优良传统几十年如一日地执着坚守、一以贯之地落实执行，如同红米饭、南瓜汤一样朴素而又营养丰厚、寻常而又非同寻常。

习主席在古田全军政治工作会议上总结强调了我军必须坚持的“十一个优良传统”，指出这些优良传统是我军政治工作的根本原则和内容，要求我们把先辈们用鲜血和生命铸就的优良传统一代代传下去。

“一切向前走，都不能忘记走过的路；走得再远、走到再光辉的未来，也不能忘记走过的过去，不能忘记为什么出发。”奋进新时代、开启新征程，我们要像“红一连”官兵那样，铁心向党，不忘初心，大力弘扬光荣传统，赓续红色血脉，坚定理想信念，勠力奋斗强军，为实现中华民族伟大复兴的中国梦贡献智慧和力量。

《解放军报》2021年7月27日

文学故事

“红一连”的胜战密码

文清丽　陶　然　周　远

一

每个军人都忘不了自己梦想开始的地方——连队，那么，几十年来，享誉军内外的陆军第 83 集团军某旅“红一连”会给官兵上什么样的军旅人生课呢？ 7 月，笔者走进了华山脚下这所阔大整齐、紫薇飘香的营区。

走进连史馆，笔者不禁惊叹一个连队竟有如此丰富的馆藏，建连 94 年来，战功卓著，锦旗奖状满墙。笔者看到了长征时毛主席同连队官兵就餐时用过的红菜盘，看到了抗日战争时期浸染过革命先烈鲜血的大刀长矛。那面绣着“百战百胜”的深红色旗帜，是 1942 年新四军第 3 师授予连队荣誉称号的锦旗。玻璃柜里，有发黄的《战地日记》，有九八抗洪时被泡得褪了色的救生衣，有汶川大地震抗震救灾时被落石砸扁的水壶，还有张 CT 片，笔者正纳闷，旁边的一位列兵介绍说，战士崔文科在参加上级比武时肋骨骨裂仍坚持到最后，这是事后拍的片子……每一个物件，你随便叫哪位“红一连”战士，他都会讲出让

“红一连”为新战士举行授枪仪式（姜东坡 摄）

你感动的故事。

“红一连”的历史非常厚重。它从秋收起义走来，三湾改编时期毛主席亲自在该连组织发展了6名党员，建立了全军第一个连队党支部，开创了我军“支部建在连上”的先河，被誉为“军魂发源的地方”。连队先后参加黄洋界保卫战、平型关战役、辽西会战等300余次战斗，被授予“英勇连”“百战百胜连”等荣誉称号，连队先后8次被表彰为全国全军先进基层党组织，5次被授予荣誉称号，荣立集体一等功4次、二等功10次、三等功14次。94年来，连队一代代官兵始终传承红色基因，永葆忠诚本色，谱写了一曲曲英雄赞歌。而这个连史馆，是连队的荣誉殿堂，更是官兵寻找根脉的红色基因库，激励着官兵寻找新时代的胜战密码。

1927年9月，罗霄山脉雾气沉沉。经历攻打平江、浏阳、醴陵的失利和几天惨烈战斗，毛泽东同志率领的秋收起义部队锐减至1500余人。其中既有战斗减员，也有士兵逃亡，悲观情绪就像山间的浓雾，笼罩着整个队伍。

怎样才能凝聚起这支部队？正在毛泽东同志思考时，唯一一支没有逃兵的连队，引起了他的注意。昏暗的煤油灯下，毛泽东同志与这个连队的党代表何挺颖彻夜长谈，思想的火花喷涌而出：连一级如果没有党的组织，党的影响力就不能渗透到队伍中去。党支部不能只建在团一级，更要建到连队去。

10 月的一个夜晚，叶家祠的小小阁楼上，毛泽东同志在“红一连”亲自发展了 6 名新党员，建立了人民军队第一个连队党支部。

1928 年 11 月，毛泽东同志在给中央的报告中写道：“红军所以艰难奋战而不溃散，‘支部建在连上’是一个重要原因。”

在毛泽东同志发展 6 名新党员的主题浮雕前，“红一连”官兵齐唱连歌，当选的优秀共产党员身披绶带、胸戴红花，先后讲述个人立足岗位践行初心使命的故事，赢得战友阵阵掌声。

在该连连史馆，经常举办类似的活动：连庆日重温连史、新党员入党宣誓仪式、党员过“政治生日”……

二

走进一楼的 3 班宿舍，门口牌子上写着“英雄班”，6 张高低床，上下铺，每个人床头写着自己的座右铭，班长的床在最外侧，副班长的在屋最后。墙上是英模挂像，班长缪辉是湖南小伙子，个子不高，但很结实，告诉笔者说这是他们班最崇拜的人。“红一连”班班有战功。每个战士都有自己心中的偶像。有的崇拜黄继光，有的则以学习标兵为榜样。

在交谈中笔者得知，缪辉是 2017 年 7 月由某炮兵团分流到“红一连”的。本来是炮班班长的缪辉，来到“红一连”成为一名战车载员。

从一班之长到普通士兵，缪辉心中落差很大，情绪也很低落。每逢连队有紧急任务，身边战友抢着去，缪辉总是躲在一旁，唯恐点到自己；每当连队组织集体活动，从不主动参与……

发现缪辉状态不佳，身边战友纷纷开导他，“只要好好干，‘红一连’就是咱共同的家”。然而，自卑的缪辉始终无法融入这个新集体。

2017年9月29日是“红一连”建连90周年纪念日，那天，缪辉第一次参加了连队举行的连庆活动。“我骄傲，我是红军的传人，‘红一连’的兵……”大家一起吃传统饭，重温连史，齐唱连歌，向党旗宣誓。感受着连队官兵对历史荣誉的珍重，体会到全连官兵之间融洽的氛围，置身其中，缪辉感觉浑身有了力量。此时刚好旅里组织各项集训，他认为自己体能素质强，积极报名。

回连后，在南苏丹执行维和任务的18名官兵发来祝福视频：“国外条件艰苦，吃不上传统饭，大家就聚在一起唱连歌、讲传统，大家都说不管走到哪儿，‘红一连’的官兵始终是一家人，都不能忘了‘红一连’的传统。”感受着大家庭的温暖，体会着“红一连”的光荣，回味着一代代前辈扛起重担争荣誉的历史，缪辉动情地说：“维和战友们发来的祝福视频让我深感羞愧，他们在生死边缘担起军人的神圣使命，而我的表现却像个逃兵。”

缪辉下定决心要振作起来。专业教材一本本啃，各课目考核要点一遍遍记，乘车射击、应用射击、隐显目标射击等专业训练一个个攻关……缪辉的训练成绩节节提升。

年底，连里骨干重新选配，缪辉的成长全连有目共睹，党支部研究决定任命他为六班班长。“我重新找到了自己的定位，悟透了一个军人应有的使命责任。”重新回到班长岗位，班组训练逐步展开，缪辉信心百倍地开始了新的攻关……

一次野外驻训，突然下起了大雨。眼看刚刚搭好的野战帐篷就要被雨水冲垮，指导员郑纪文组织人员紧急加固。没有临机动员、没有推托等靠，“红一连”的老党员一个接一个自发地冲入滂沱大雨中，挖沙、装袋、垒包、固土……在“红一连”，缪辉看到了党员的样子。作为老党员，缪辉心中打开了一扇窗。

担任班长后，针对本班军事训练底子薄的实际，缪辉稳扎稳打，白天带领战士练技能，晚上组织全班强体能。每天晚上300个俯卧撑、200个哑铃臂弯举雷打不动……一年过去了，缪辉带领六班从后进成功突围，位列先进。2018年，六班表现突出，荣立集体三等功；2019年，缪辉带领全班始终保持工作高标准，个人表现突出，被连队推荐荣立三等功……

谈到自身转变，缪辉感慨万千：是“红一连”厚重的传统、昂扬的氛围改变了自己，让一个“外来户”融入集体、充满希望。

三

连队三楼走廊尽头，有间研战室，里面分研战交流区、资料库、装备模型展览区、战法展览区4个区域，能够实现作战指挥、存放战法训法、展示中外武器装备模型、展示连队历史上经典战法等功能。

墙上张贴着《研战室制度》，有学习制度、研究制度、会议制度、训练制度。屋中平放着一幅特大的军事地形图，细瞧，笔者发现这是一幅战术布置图。

身处变革时代，如果仍受传统思维模式局限，就打不赢高科技信息化战争。带兵人必须胸怀世界军事变革大势，带领官兵研战谋战，敢闯敢拼大胆试，才能找到赢得未来战争的方法。党支部一班人研究制定了研战制度，从一个型号装备到一次经典战例，从一次训练革新到一种战法打法……连队依托研战室，将官兵划分为13个研战小组，针对训练中的问题进行研究；组织干部骨干夜校，研究新体制下连排战法训法，常态化开展“军情动态、连排战术、战斗文化、火力运用、前沿技术”研析交流活动。

近年来，“红一连”先后探索高寒山地通道作战班排编组、多能射击“六步法”等多种战法训法，革新激光模拟校射系统、振动头盔等训练辅助器材，被陆军、战区陆军表彰为“军事训练先进单位”，党支部被表彰为“先进基层党组织”。

“红一连”特色活动打快板（张增岩　摄）

在学习室，笔者发现一本上面写着《党的创新理论剪报本》的红色笔记本，剪贴的报刊文章上除了画线，还有评语。据说每班都有一个，大家感觉好的文章经班长同意后，就贴到上面，供全班战友学习。

在《始终把官兵冷暖放在心上》短评上面，这样写道：把兵当家人，军人就会“以连为家”。

快板《备战强军》一文旁边则小注：红色的连队，红色的战旗，锻造红军传人。

读报、剪报是“红一连”的老传统。为什么能坚持至今？在“红一连”连史馆看到一个压箱底的宝贝，笔者找到了答案。

“这是 1967 年连队老兵黄焕然的题为“革命教育”的剪报本，坚持剪报、读报源于连队有这个优良传统，我们不能丢。”熟知连史的下士徐谦一边介绍，一边小心翼翼地拿出这个珍藏的剪报本。

改革移防后，“红一连”的传统一直在坚持，从来没有因为任务重、时间紧而放弃。1969 年“红一连”进行第十八次移防调整，从那时的剪报本就可以看出连队官兵“铁心跟党走”的忠诚和担当。

四

在会议室，笔者见到了四级军士长、士官支委柯昌水，他穿着夏常服，显得十分干练。笔者笑着问：“柯班长好，你厉害呀，敢给支部书记提意见。”

原来，有一次连队开训动员大会，连长胡贯蕾想着要结合实际给连队官兵打打气。

“同志们，下半年将参加‘晴空’国际军事比赛，谁能夺得金牌，就给谁先立功，优先入党。”上午训练结束，他在队前讲评，开门见山进行鼓励，要树立大抓军事训练的导向，希望大家迅速行动起来，投入火热的练兵热潮中。

人员刚解散，几名党员却聚在一起议论起来，“连长这样讲有问题啊。”“怎么能口头承诺敏感事项呢？”你一言我一语，最终达成一致意见，由四级军士长、士官支委柯昌水对副书记提意见。

在“红一连”，普通党员给书记、副书记提意见，并不是新鲜事。战争年代，连队就形成了“党员问题群众敢讲、支委问题党员敢点、书记问题支委敢批”的好传统，成为连队保持生机活力的传家宝。

胡连长进宿舍刚坐下，柯昌水就敲门进来了。“副书记同志，对于你刚才的讲话，我要以士官支委的身份跟你谈谈。”柯昌水亮明了来意。看到柯昌水表情严肃，胡贯蕾先是一怔，而后倒了杯水，请他坐了下来，二人认真谈了起来。

“谁立功，谁入党，不能这样就作出口头承诺。”柯昌水没有拐弯抹角，而是开门见山地说，“鼓舞士气是好事，但入党立功应该按组织程序确定，不能由个人说了算，更不能凭一次表现做一锤子买卖！”

柯昌水说得斩钉截铁，胡贯蕾如坐针毡。刚才自己没多想，就顺口说出了奖励措施。他立即承认了自己的错误，并表示会在晚点名时公开纠正。

“多亏了老党员及时提醒。”送走了柯昌水，胡贯蕾的心中久久不能平息，他迈步走进连史馆进行反思。虽然当时并没有超越组织权限的意思，但是随口承诺的个人主义思想实在是要不得。自己必须以身作则，当好敢于接受批评的模范。

“同志们，我收回今天开训动员的讲话。”晚点名时，胡贯蕾当着全连的面表态，自己会进一步加强学习和党性锤炼，同时欢迎大家对自己的言行进行监督和批评。

说到训练，柯昌水激情满满：“连队换装，对我们的要求也高了，整体作战性能变得更强了。对我们来说，一方面，我们要尽快掌握和熟悉新装备。另一方面，我们在训练过程中，训练方法、战法都要随时改变和调整，这中间肯定存在一个阵痛期，会面临着很多困难和挫折。”

为了让新装备尽快形成作战能力，连队成立攻关小组，支委成员分工负责，有着12年党龄的柯昌水主动请命担负载员班行动试训任务。不到一个月时间，从登车下车的动作磨合，到装甲车与步兵作战行动中的协同配合，他带领全班一遍一遍摸索方法、总结经验，由他总结的载员实装训练方法推广运用到连队训练中，在旅里组织的阶段考核中，“红一连”专业成绩名列前茅。

笔者还了解到副连长王雷的感人故事。戈壁盛夏，暑气蒸腾，风卷黄沙。“红一连”副连长王雷进驻集训队已有 5 个多月。其间，王雷一路“过关斩将”，从全军 100 多名顶尖好手中脱颖而出，成为 20 名候选队员之一，向着此次上级比武参赛资格发起最后冲刺。

为了实现突围，王雷把每场考核都看作决赛去拼。而这次，又是一场艰难的“战斗”。面对考核，作为代表单位率队出征的唯一一名干部，王雷主动担负起导弹发射的任务。

“全班注意，登车！”一声令下，王雷一个箭步率先冲进载员舱，其余队员紧跟其后，迅速坐稳，锁闭舱门。

辽阔戈壁，看似平坦，却“暗藏玄机”——地面上零星的坑洼被风沙掩藏，高速飞驰的战车在行进中不断颠簸摇晃。作为便携式地空导弹发射手，王雷需要在战车高速机动后，从载员舱快速移动至车长位置，而后出舱瞄准完成“射击”。整个动作，风险系数大，技术要求高。

舱内起伏不稳，王雷与身边战友形成默契，抱紧座椅保持相对稳固姿态。

接近射击地线，王雷右手拎起导弹发射机构，猫腰低头做好准备。就在这时，高速行驶的战车突然刹车摆尾，车舱里的战士随之猛烈摆动。此时，王雷突感身体一轻，整个人在舱内甩向一侧，鼻梁也猛然撞向车体。一阵刺痛袭来，王雷来不及犹豫，继续向战位冲去。到位、出舱、瞄准、击发……射击动作一气呵成，王雷圆满完成任务。

走下战车，王雷立马赶到 400 米障碍场完成下个课目考核。“王雷，怎么回事，鼻子怎么了？”正当王雷站在起跑线上准备出发时，身边战友才惊讶地发现，他的鼻梁肿大变形扭向一侧，瘀伤严重显出乌青，黑红血水从鼻子里一滴一滴流下。

“没啥大不了，不影响考核！”王雷扭头吐了一口混着血水的唾沫，右手的拇指与食指狠狠捏了一把鼻梁，目光始终瞄准赛道。

跨圆桩、过矮墙、踏云梯……奔跑中，王雷的鼻血凝成血块淤积在咽喉里，呼吸也变得有些急促，每做一个动作，鼻梁间的刺痛就会迅速传遍每根神经，向着全身扩散蔓延……他咬紧牙关，挺起脊梁，强忍剧痛完成考核。

看到王雷鼻梁处X光片，医生十分惊讶，鼻梁骨前侧断裂，这种疼痛怎么能忍得下来！

五

在几天的采访里，笔者发现“红一连”是一个随时准备奔赴战场、执行任务的连队。打开官兵的水壶，水是每天更换的新水；打开干部的挎包，里面放置着最新的作战地图、标图工具；走进研战室，里面有最新的军事前沿知识……

“夜夜枕着敌情睡，人人心中怀忧患。”纵览“红一连”的光辉连史，无论革命战争年代还是和平建设时期，“战备”二字始终是高频词，如同警钟一般，时刻警醒官兵，筑牢“战争今夜打响”的忧患意识。

近年来，连队常年坚持“宁可备而不战、不可无备而战”，每天一次国内外重大时事点评雷打不动，每周一次战备演练雷打不动，每月一次形势战备教育雷打不动。官兵常年一身作训服，战备物资常年放在床前，携行装具分区存储，作战数据每日更新，战备方案随时更新，确保一声令下迅即出动；官兵人手一张战备行动卡，从携行物资到行动流程记录详尽，物资精准到携带位置和方法，行动流程时间非常精确。

2017年7月，“红一连”奉命移防至数百公里外的关中大地。部队刚一到位，连队党支部当机立断：“安家设营工作需要时间，但战备秩序恢复一刻也不能停！”当天下午，连长周光魁便带领骨干勘察疏散地域，调研驻地附近民情社情，及时查看战备进出口道路，修订细化战备方案，组织官兵进行战备演练，周密做好各种应急准备。

如今，骨干点名不用看名册、生日不用看日历、兵情不用看档案，官兵们任务抱成一团、生活融在一起，始终是钢铁一般奋斗前进的战斗集体。

六

越深入采访，笔者越发认识到“红一连”既是一个历史厚重的连队，也是一个充满现代感的连队：门前电子板报、门厅信息视窗，及时推送习主席最新重要讲话精神、推荐理论书籍；依托班排信息一体机、电子图书系统，共享全军优质资源，官兵可以按需点单、自主学习；融媒体学习室内，定期组织开放式、互动式学习交流……

采访结束了，笔者要离开时正遇上连队晚点名。一看到绿浪般的部队，笔者不由自主停了步。那一声声“到！”如山呼海啸。敌人听到，会心惊胆战；老百姓听到，会心安欣慰；而作为军人的笔者听到这声“到！”，禁不住注目致敬。

离开“红一连”，登上车，笔者听到司机战士哼唱起了那首官兵们最爱唱的歌《红一连的兵》，不禁轻声跟着哼起来：“自古英雄华山论刀剑，而今战旗猎猎迎风艳，看百战百胜红色的连，瞄准未来正浴火淬炼……”

《解放军报》2021年8月16日

视频链接

中央宣传部授予陆军第83集团军某旅“红一连”“时代楷模”称号

李清华　张圣涛

在全党全军全国人民深入学习贯彻习近平总书记七一重要讲话精神、中国人民解放军迎来建军94周年之际，中央宣传部向全社会宣传发布陆军第83集团军某旅“红一连”先进事迹，授予他们“时代楷模”称号。

“红一连”是诞生于秋收起义的红军连队。三湾改编时，毛主席亲自在该连建立党支部，并发展了6名党员，开创了我军“支部建在连上”的先河。90多年来，“红一连”矢志不渝听党话、跟党走，先后参加战役战斗300余次，完成非战争军事行动40余次，5次被授予荣誉称号。党的十八大以来，“红一连”坚持用习近平新时代中国特色社会主义思想特别是习近平强军思想建连育人，传承红色基因、铸牢强军之魂，践行初心使命、勇当强军先锋，圆满完成国际维和、抢险救灾、沙场阅兵等重大任务，荣立一等功1次、二等功5次，被表彰为全军首届“践行强军目标标兵单位”。

“红一连”的先进事迹宣传报道后，在全社会引起热烈反响。广大干部群众认为，“红一连”不愧是坚决听党指挥、践行初心使命的先进典型，赓续红色血脉、争当红色传人的突出代表，矢志奋斗强军、聚

2021 年 7 月，中共中央宣传部授予陆军第 83 集团军某旅“红一连”“时代楷模”称号（视频画面）

力备战打仗的时代先锋。他们始终在党的旗帜下行动和战斗的实践，生动反映了党缔造和领导人民军队的光辉历程，鲜明体现了“支部建在连上”的政治优势，充分彰显了人民军队永远听党话、跟党走的赤胆忠诚。广大部队官兵表示，要深入学习贯彻习近平新时代中国特色社会主义思想特别是习近平强军思想，学习宣传贯彻习近平总书记七一重要讲话精神，进一步增强“四个意识”、坚定“四个自信”、做到“两个维护”，贯彻军委主席负责制，牢记“国之大者”，以高度政治自觉传扬百年光辉历史、弘扬伟大建党精神、激发磅礴奋进力量，努力把人民军队建设成为世界一流军队，以更强大的能力、更可靠的手段捍卫国家主权、安全、发展利益，在新的赶考路上创造新业绩、书写新篇章。

“时代楷模”发布仪式现场宣读了《中共中央宣传部关于授予陆军第八十三集团军某旅“红一连”“时代楷模”称号的决定》，播放了反映他们先进事迹的短片，中央宣传部负责同志为“红一连”代表颁发了“时代楷模”奖牌和证书。中央军委政治工作部、陆军党委、陕西省委等有关负责同志，以及部队官兵、青年学生代表参加了发布仪式。

新华社北京 2021 年 7 月 27 日电

扫码观看发布仪式

《时代楷模发布厅》

编　辑：孙　岭

王　燕　邓　晶　孟　琛

黎　甜　巩　雪　张薏谨

中央电视台，2021 年 7 月 27 日